12堂关键创业课
99%的创业都死于不懂这些道理

王杉◎著

创业实践国民教程

民主与建设出版社

图书在版编目（CIP）数据

12堂关键创业课/王杉著.—北京：民主与建设出版社，2017.1
ISBN 978-7-5139-1369-0

Ⅰ.①1… Ⅱ.①王… Ⅲ.①创业 Ⅳ.①F241.4

中国版本图书馆CIP数据核字（2016）第288539号

© 民主与建设出版社，2016

12堂关键创业课
12 TANG GUANJIAN CHUANGYE KE

出 版 人	许久文
著 者	王 杉
责任编辑	王 倩
监 制	于向勇 马占国
特约策划	三喜文化
策划编辑	康晓硕
特约编辑	肖 莹
营销编辑	刘晓晨 罗 昕 刘文昕
版式设计	李 洁
封面设计	仙 境
出版发行	民主与建设出版社有限责任公司
电 话	（010）59419778　59417745
社 址	北京市朝阳区阜通东大街融科望京中心B座601室
邮 编	100102
印 刷	天津兴湘印务有限公司
开 本	700mm×995mm　1/16
印 张	15
字 数	200千字
版 次	2017年1月第1版　2020年12月第2次印刷
书 号	ISBN 978-7-5139-1369-0
定 价	39.80元

注：如有印、装质量问题，请与出版社联系。

序
PREFACE

这是一群有意思的人，我想记录他们！

他们在做很有意思的事，我想倾听分享，过 N 年回看的时候会发现功成名就的某位曾经被我记录，他也那么青涩过……

外人对他们充满好奇，觉得他们每天都在见新奇的人、新鲜的事，仿佛总是大笔一挥就豪掷千金，但他们中的大多数总会苦涩地表述：见的人很多，但人多不靠谱；投的项目很多，但大多石沉大海……他们被称为投资人，听他们识人辨事、分析人势，我觉得很有意思！

直播的精彩就在于变幻莫测、充满惊喜与挑战，这也是我深爱广播的原因之一。但直播总有遗憾，如同人生，只此一次，只进无退，没有彩排。

雁过亦可留痕，我要用文字记录他们！

从 2015 年开始策划主持创业节目，短短一年多的时间，看着近百位创业者在节目中谈项目、谈理想、谈初心……他们中有在校大学生、孩子已上初中的 40 多岁的大叔、为创业毅然决然的辍学者、多次失

12堂关键创业课：
99%的创业都死于不懂这些道理 _002

败又站起再战的连续创业者……他们的脸上有刚拿到融资按捺不住的喜悦，有在创业大街刚被克强总理接见并握手的欣喜，有陷入困境融资谈不下来随时断粮的焦虑，有年终盘点后打包收心重新再找工作的不甘心……

真好，他们有喜有悲、有血有肉、真实敢拼。

他们说："我只想对得起这仅有一次的人生！"他们说："失败又如何，站起重来！"

写下这些文字的时候，北京正是最美的季节，不冷不热、春光正好。敲下每篇文章的那刻，一个个鲜活的形象又浮现在眼前，和他们在直播间共度的那一个个美好的下午依然历历在目。

文中选择了从创业初有想法到失败的过程中，会遇到的最具代表性的12步来着重书写，肯定不够当然亦不完整，要我说，一本书甚至是十本书都不足以完整记录整个过程。

因为创业自古就是九死一生的事！

距采访完成还不到半年的时间里，他们中某些人的公司就已经倒闭。"又死一家""钱烧完了，又死了一家"，这是2015年年底我听到的最多的话。当我的电话打过去，接起电话的声音里没有了当时在直播间的冲劲，言语间净是沮丧和泄气。我问接下来准备怎么办，他只是回答还没想好，先过年吧……冬去春来，当一朵朵小花恣意绽放的季节到来时，我看到的又是和花儿一样重新绽放的朝气。这，可能就是创业的乐趣！

即使苦、累、绝望、挣扎，但从没想过放弃！

让我记录他们，并且整理出不只是心灵鸡汤、大势研判、创业反思之类的内容，而是更实际、更实用、更适用于每一位创业者的创业干货。

在此，我要感谢中央人民广播电台经济之声《傲江山》节目的全体同人、黄老师、锐哥、奥奥张奥、富江、唐明唐大头、少女肖蕾……

感谢方总及公司所有参与宣发的同人，感谢频道所有的领导、老师、同事。感谢帮我张罗出版的娟，第一次见我时说创业的书不少不看好，到最后愣被我的诚心和内容打动，抢着给我出（请附上害羞小笑脸）。

我很荣幸地从事了一份这么有意思的职业，结识了这么多有意思的人，了解了这么多有意思的事，听到了这么多有意思的观点，近距离品读了这么多有意思的人生……

其实，你我一样，只愿不负春光，不枉年华！

王杉
2016.11.15

目录
CONTENTS

第1章 找对人，才能做对事！ /001
 1. 联合创业，应该找几个人？/003
 2. 从哪里找靠谱合伙人？/007
 3. 需要找哪些合伙人？/012

第2章 怎样写商业计划书，才能搞定投资人？ /015
 1. 一份失败的商业计划书/017
 2. 一份成功的商业计划书/026
 3. 商业计划书之外的功夫/033

第3章 创业办公地点的选择 /037
 1. 他们为什么都选择众创空间？/039
 2. 办公场地，你还有更多选择/047

第 4 章　股权分配，一把双刃剑 / 055

　　1. 你的股份分配合理吗？ / 057
　　2. 股权结构优化的几种途径 / 065

第 5 章　如何搞定你的投资人 / 071

　　1. 第一次打电话给投资人，你要怎么说？ / 073
　　2. 如何用"三分钟演讲"打动投资人？ / 080

第 6 章　融资：创业的起点，而非终点 / 085

　　1. 种子轮融资——估值法 / 087
　　2. 天使轮融资——讲个好故事能够事半功倍 / 092
　　3. 融资到底去哪儿找？ / 096

第 7 章　投资人来把脉：你的模式靠谱否？ / 103

　　1. 远离有"天花板"的行业 / 105
　　2. 你的品牌有辨识度吗？ / 110
　　3. 不要进入"红海"行业 / 113

第 8 章　路演，其实可以很精彩！/117

1. 你的路演为什么不精彩？/119
2. 一公里路演——你的运动很值钱/125
3. 如何提高路演的成功率/133

第 9 章　让用户一眼记住你的四大法则/137

1. 给你的产品起个好名字/139
2. 你的 logo，应该成为永恒/145
3. 你的核心营销语是否触动人心？/149
4. 界面，其实就是顺应人性/152

第 10 章　营销无时无处不在/159

1. 如何让软文的营销效果最大化？/161
2. 最高明的营销是"自来水"自发传播/168
3. 不能成为网红的创业者不是好创始人/175

12 堂关键创业课：

99% 的创业都死于不懂这些道理 _004

第 11 章　创业小白的十万个为什么 /181

　　1. 从发现痛点到做出产品，你需要这六步 /183

　　2. 种子用户在哪里？/187

　　3. 潜力和瓶颈，都要及早觉察 /191

　　4. 创业，没那么简单 /194

第 12 章　比起连续创业者，他们更受持续优秀者！/197

　　1. 创业是否成功，谁说了算？/199

　　2. 他的创业为什么会"连续失败"？/203

　　3. 持续优秀者为什么更受投资人青睐？/208

附录　创业公司的 N 种死法 /213

　　1. 死法一：没想法 /215

　　2. 死法二：伪需求 /219

　　3. 死法三：纸团队 /222

　　4. 死法四：不聚焦 /224

　　5. 死法五：无融资 /226

第1章
找对人，才能做对事！

◎ 联合创业，应该找几个人？

◎ 从哪里找靠谱合伙人？

◎ 需要找哪些合伙人？

1. 联合创业，应该找几个人？

找对人，做对事。看似简单的六个字真正做起来却着实不易！创业竞争渐趋"白热化"，人才争夺也在逐级进阶，似乎公司都在忙着一件事——找人，找到适合的人，找到靠谱的人。注意！这里说的是找人，是找寻的找，找的是合伙人，不是招人，招聘的招，一字之差，千变万化！

找到合适的人，组建靠谱的团队，这是一件极其重要的事。对于创业项目，投资人更是直言不讳：钱只能投给靠谱的团队！因此，如何能在有限的时间和人脉圈子内搭建出一支靠谱、互补、精简的创业团队就成了创始人最开始的挑战。那身为创始人，到底该如何组建团队、寻找趣味相投的合伙人呢？

"有饭"创始人Nunu有着十年的律师从业经历，他说因为内心一直有一个创业的梦想，而且一份职业做了一段时间以后，总会发现自

> 12堂关键创业课：
> 99%的创业都死于不懂这些道理 _004

己还有更多的事情想做、可做还没做，而那份本职工作早已不能满足这一点。

2009年，机缘巧合之下，Nunu成了一名素食主义者。在这之后，他跟太太一起拿着一张伦敦素食地图暴走伦敦城，寻遍大大小小几乎所有的素食餐厅。在成为"特殊"爱好者之前，Nunu跟其他人的想法一样，认为一位素食主义者应该有点个人化的小标签，比如环保主义者、动物保护主义者啊，有标签、有title（头衔）、有性格的感觉。但是在伦敦的素食经历令他完全改变了这些想法，他说吃素食的人根本不是什么者，他们仅仅是吃素食而已。

多年城市白领的经验让Nunu觉得，国内大城市白领的工作餐吃得相当苦，早些年是地沟油等食品安全问题，这些年同质化问题非常严重，选择其实很受限。所以Nunu认为，素食快餐将是一个有刚需且非常有市场的领域。

开店之初，Nunu正好赶上"互联网+餐饮"的风潮，很多投资机构非常关注一些比较有趣的或跨界的餐饮创业公司，"有饭"幸运地被列入这个名单。在Nunu的产品体系完善之后，他就带着团队开始了一系列的融资计划。

"有饭"的核心团队成员一共有六个人。一个创业团队每个阶段到底需要多少人？简单来说，联合创始人最好不要超过三个。超级大项目另说，但这一般不会是初次创业者着手的方向。而且，一般认为四到六人才能实现最高的团队效率。

另外需要提醒大家的一点是，初创团队请不要轻易许诺分配股份。在Nunu的六人团队中，持有股份的只有三个人：他、联合创始人赵鑫以及素食名人小白。其实股份分配不单单是钱的问题，它背后更多对应的是你该如何正确分配你的股份、行使你的权利。

早期股份分配不当最容易掉进的三个"陷阱"：

一、对早期支持自己的人太过信赖。其实对于那些前期只投入短期资源，并没有全情投入的人，最好的方法是谈项目提成，不应该让其成为持有股份的合伙人。

二、让投资人轻易控股。

三、给得力员工很多股份或者初创期就全员持股。创始人给手下员工股份是为了激励其更尽职认真地工作，但早期员工流动性非常大，股份管理成本会随之增高。

作为创始人，应该确定股份回购制度。在分配股份之初就要确定股份回购制度，比如约定共同创业不足三个月就离开的，股份无效，共同创业一年，可进行有价回购，具体细节需针对公司的架构决定。还有一种办法是设定合理的期权池，既有利于人才的吸引，也对后期的融资操作有积极作用。

融资、股份共同稀释也不失为一条良策。在团队获得融资、方案最终敲定之前，一定要将相关的股份稀释和融资文件给独立专业的律师审定，确保合理且不被坑。

创业，一个人很难成事，所以选择几个人合伙一起干的占绝大多数，但关键是应尽量由一人拥有对公司的绝对控股权。这个人一般是挑头的，就是把大家聚到一块做这件事的那个人，或者是创业初期出资最多的，这对于团队执行力的提高、商业模式的明确，以及团队治理、融资具有重要作用。换句话说，如果公司出现了什么问题，创始人是会卖房救公司的，毕竟让公司活下去是第一位的。绝对控股人的持股比例一般会占到公司总股本的60%甚至更多。

但公司的绝对控股人也不意味着能呼风唤雨、随意更改践踏公司规则。创业之初，合伙人一起定下来的所有规则，大家都需要无条件遵守，无一例外。

2. 从哪里找靠谱合伙人？

　　说到"有饭"的核心创始人，即持股的这三个人，除了Nunu，小白算是国内的素食大咖，她在微博上的粉丝数超过30万，著有两本非常畅销的素食菜谱。她是85后，吃了六年的素食，曾经特别擅长做肉，转而吃素后发现没什么菜可做，就决定自己创造。2012年年底的时候，一次机缘巧合下，她认识了Nunu，一年多后，两个爱素之人一拍即合开始创业。

　　小白说Nunu曾经是她的粉丝，不过在她眼里，Nu总比较理性，有商业头脑和领导才能，要不是有Nu总，她是不会创业的，因为不擅长。说着自己就呵呵笑了。小白现在的官方title是CTO（首席技术官），主要负责提供菜谱。

　　赵鑫作为"有饭"的另一位联合创始人，主要负责电商产品运营。他和Nu总也是在机缘巧合下认识的。由于赵鑫本人之前在澳洲接

12堂关键创业课：

99%的创业都死于不懂这些道理 _008

触过健康素食，所以对Nu总的理念和方向非常认同。从加入团队的那一天起，他也自愿加入了吃素的行列。赵鑫有六年的工作经验，曾经做过新东方的讲师，也在某著名IT公司做过市场负责人，而且大二时自己就创过业。这么看来，赵鑫是三人之中最有经验的。

现在我们来看看"Have Fun有饭"团队中的三位创始人：

Nunu：拥有创业理念，把控创业方向的leader（领导者）。

小白：微博大V，素食菜单研发者。

赵鑫：管理者、营销人员，有经验且有创业精神。

这个团队人数合适，优势互补，但总觉得缺点什么？O2O（线上到线下）创业团队里通常会有一位技术大拿，然而"有饭"的团队中却不见这样的人物。当时，投资人许四清（阿尔法公社创始人）给"有饭"团队打了7分（总分10分）。优势明显，劣势同样明显。

那创业核心团队中应不应该有技术人员呢？可以说，技术是一个团队的硬实力，毕竟O2O创业项目需要强有力的IT技术支持，这样才能快速扩大线上规模，占领市场。

纵观整个IT行业的巨头，你会发现，绝大多数创始人都有着很强的技术背景：比尔·盖茨，13岁就开始编程，不到20岁就写出BASIC语言[1]；网易创始人丁磊，曾是美国赛贝斯软件（中国）有限公司技术支持工程师；奇虎360创始人周鸿祎，曾经是方正集团研发中心副主任；马化腾、李彦宏等占据中国IT行业半壁江山的人都有着过硬的技术背景。如果你的项目涉及线上方面，你又不擅长技术，那至少要找

---

[1] 高阶程式语言的一种。

一个懂技术的合伙人。

团队核心成员中有技术人员存在必然是一个优势。当然，除了技术成员之外，核心成员的合拍程度也相当重要。我们在前面曾提到，Nunu是小白的粉丝，而赵鑫对Nu总的理念表示欣赏和认同，所以在这一点上三个人比较融洽。虽然这三位，用投资人许四清的话说，不符合"三老"模式（老朋友、老同学、老同事），但是由于相互之间的认同度比较高，所以具有良好的信任基础。

"三老"模式之所以被投资人看好，是因为这种关系模式的创业团队的成员相互之间比较知根知底，不会轻易因为一些普通的矛盾就分崩离析。或者说，正是因为大家知根知底，所以不太容易出现合作途中才发现理念不合的情况，以致创业失败。

典型的代表就是facebook（脸书），团队的核心成员都是大学时期交到的好朋友。为什么我们说"三老"是指老朋友、老同事、老同学，而不是朋友、同事、同学呢？因为只有交往的时间足够长，才能清楚地认识到一个人身上的优缺点。如果仅仅是认识就一起合作，相互的认知层面仅处于浅层的话，会降低创业成功的概率。只有在足够了解、足够信任的情况下，双方的合作才能更加默契、更加安全、更有未来。

一起扛过枪，一起同过窗，一起共过事，一起伴成长，同甘共苦的经历是一个团队最好的黏合剂。但这其中可能也会出现一个怪圈，那就是往往"我"身边的人都是来自同一个学校、同一家公司或同一个圈子，也就是典型的"抱团"创业。这是"三老"模式的一个弊端，即团队核心成员的属性太过雷同，极容易形成封闭的圈子，

12堂关键创业课：
99%的创业都死于不懂这些道理 _010

这往往会使之后加入的能力更强、业务更出色的人难以真正融入原本的团队。这样一来，这种太过封闭的团队的生命力和适应性就会变得相对有限。所以最佳的合伙人需要得到你的充分信任，知根知底、能力匹配、优势互补、目标一致、懂规矩、靠谱、价值观认同、有使命感……找到终究不易！

海底捞的最初创始人就是四个老朋友，两男两女，后来他们成为两家人。海底捞做出点名堂后，现任CEO（首席执行官）张勇果断地把两位太太辞掉，然后又强势地让另一位男创始人施永宏退出公司管理且出让18%的股份。控制权集中在张勇一人身上的海底捞通过多年打拼终于形成了今天的规模！**需谨记的是，夫妻档的创业模式是不被提倡的，被称为创业毒药！**

另一个创业团队是打着"从此搭车不花钱"旗号的顺到搭车。不论是滴滴出行还是嘀嗒拼车，虽然有一定程度的补贴也还是需要消费者付费的，然而"顺到"却想做一款完全免费的产品。创始人之一乌海涛提出"以公里，换公里"的理念，"公里"相当于虚拟货币，你既可以做司机也可以做顺路搭车者，通过载客积累公里数再通过搭车消费公里数，当累计的公里数足够多时还可以置换公司的股份。

想出这个概念的乌总曾经是伊利和雀巢公司的营销经理，他的工作和互联网一点关系都没有，工作经验完全来自传统快销品牌的营销方面。虽然跨界，但是乌总觉得从传统行业锻炼出来的营销人员对于体会消费者心理这事很拿手。

"顺到"的核心创始成员中不缺技术人员，团队的CTO朱谦有着十多年的互联网技术经验，从网络游戏到App（手机软件应用）都有涉及，他主要负责快速应对用户反馈，保证后台平稳运行。

同时，与"有饭"这种成员相识不久的团队不同，"顺到"的团队中有一对老朋友，联合创始人路长全是乌总在伊利时的老同事、老朋友，也是一位非常厉害的营销专家，出过书、投过资且投资的企业已有成功上市的。乌总的免费顺道搭车的创业想法迅速吸引了路长全的注意，用路长全的话说就是：这个项目能够解决私家车功能过剩的问题，而互联网的一个基本功能就是把无限多的碎片化剩余和碎片化需求进行有效的连接。而"顺到"就是在解决私家车功能过剩和乘客无车可搭之间的矛盾。

不过，看起来经验丰富、相识已久、优势互补的团队还是存在问题。投资人许四清在给"顺到"团队打分的时候意外地给出了一个比"有饭"还要低的6.5分。

得分偏低的一方面原因是，虽然路长全在名义上是公司的联合创始人，但实质上更像是天使投资人，他既不来公司上班，也不参与公司的决策和大小事宜。

常言道，跟谁合伙就像跟谁过日子。对初创公司来讲，合伙人在一起的时间可能还要超过家人。在滴滴出行现任 CTO 张博加入"滴滴"之前，"滴滴"的技术应用一直是外包，而当时还是百度T4[①]的张博选择在这时加入"滴滴"，扛起大梁。现在的"滴滴"自然不同以往，在挖到百度的T9后，昔日是T4——在百度，T9的收入远远高于T4——的张博竟成了他的上司。所以说创业公司需要的是合适的合伙人，跟你一起走的这个人要有很强的成长性，能力互补是关键。

---

① 开发工程师级别。

3. 需要找哪些合伙人？

如何寻找合伙人：

一、熟人之间寻找。

二、通过熟人、投资人、猎头介绍。

三、从员工中间寻找。

综合一点，团队创始人应该拥有强有力地控制公司的运营决策权，同时，避免因股份分配过分平均而造成争议。对CEO来讲，掌握大部分股份是必要的，而对初创公司来讲，股份越集中越好。哪怕是在两个创始人非常互补的情况下，二人的合股也应该占到公司总股本的60%甚至超过60%（股份分配内容请参照其他章节）。

全员持股也是现在比较常见的一种方式，"顺到"就采取了一种让司机持股的方式。乌总说这类似于众筹，司机可以通过公里数换取公司的股份，借此吸引用户群。乌总试图将这部分股份控制在公司总股本的9%以下，但这一做法对初创公司来讲风险很大。

像360、facebook、华为等公司，即便后来都是采取员工持股模式，但也都是期权，是阶段性持股，而不是原始股份。虽然公司在初创期时，原始股份貌似不值钱，但创始人更要珍惜，不应轻易许诺。

那么对一个初创公司的核心创始人来讲，到底需要哪些人才呢？我们不妨结合上文来归总一下：

首先，一个优秀的团队自然不能缺少一个绝对的领导者。他的决定并不需要总是正确的，但一定要有这么一个人，一个能够让别人尊敬的领导人物。乔丹说："一名伟大的球星最突出的能力就是让周围的队友变得更好。"绝对领导者的职能大抵就是如此。

第二种是行业资深人士。像我们前面提到的"有饭"项目中的微博大V小白。真正了解行业的这些人是极具价值的，他们的作用不仅是竭力去创新什么，更多的是他们身上"货真价实"的经验，即明白一个特定行业的痛点和需求点是什么。

第三种是技术人才。上文已经详细解释了，在此不多赘述。

第四种是巧舌如簧的销售人才。如今的市场是"酒香也怕巷子深"，懂得如何把自己的产品卖给客户并清晰地阐述我们到底能提供给顾客什么样的价值，是创业团队必备的重要技能。

当然，公司在发展壮大的过程中会需要更多各方面的优秀人才，但是创业初期时，以上的几种人才还是要有的，但这也并不表示我们鼓励在组建团队时过于求全求好。如果在创业初期，团队所有成员都过于优秀，往往会超出公司早期业务的需求——当然早晚会用得上。但是如

> 12堂关键创业课：
> 99%的创业都死于不懂这些道理　_014

果核心成员的组成存在明显的短板或缺失，那就会阻碍公司发展。

另外，背景相差无几的团队存在的一个弊端就是缺乏"意见领袖"，也就是彼此不服气，这会导致在团队股份分配中增加不必要的内耗。而对于这种"超级战队"，投资人一般都会提高警惕，更加认真地审视、考虑这个团队是否像表面那样光鲜、靠谱。

找对人，做对事，那么哪些人绝对不能成为合伙人？

一、私欲太重的人，看不见别人的付出，只获取不奉献。
二、没有使命感的人，只以赚钱为目的，充满铜臭味。
三、没有人情味的人，自私贪婪。
四、负能量的人，负面、悲观、消极的人会吸干你的正能量。
五、不懂规矩、没有原则的人。

合伙人，合的不是钱，是人品、格局、规则。叔本华说："单个的人是软弱无力的，就像漂流的鲁滨孙一样，只有同别人在一起，他才能完成许多事业。"创业需要烽火英雄，但更需要优秀的团队。

"项链理论"是对团队精神极好的诠释：对企业而言，人才像一颗颗珍珠，企业不但要把最好的"珍珠"买回来，而且要有自己的"一条线"把零散的"珍珠"穿成一条精美的"项链"。那么"这条线"是什么？就是能把众多"珍珠"凝聚在一起，为了共同目标而努力的团队精神。

创业需要循序渐进，只有在跌跌撞撞的过程和成长中，我们才能找到最适合的合伙人、最合拍的团队以及最高效的做事办法！

第 2 章
怎样写商业计划书，才能搞定投资人？

◎ 一份失败的商业计划书
◎ 一份成功的商业计划书
◎ "商业计划书"之外的功夫

1. 一份失败的商业计划书

创业者在不同场所，如电梯里、电话里、熟人饭局上等，遇到投资人，往往简单的自我介绍后，投资人都会说："把你的BP发我看看。"

BP（Business Plan）全称为商业计划书，是公司、企业或项目单位为了招商融资和达到其他发展目标，根据一定的格式和内容要求而编辑整理的一个向受众全面展示公司和项目目前状况、未来发展潜力的书面材料。

BP是创业者递给投资人的一张名片。总听到不少创业者抱怨："为什么我的BP投出去总是石沉大海，没有回音？"

想在十几页的PPT（演示文稿）上把"你是谁？要做什么？市场和竞争情况如何？怎么做？"说明白，其实大有门道。

商业计划书没有通用的模板，基于简单、明了、直观的原则，建

12堂关键创业课：
99%的创业都死于不懂这些道理 _018

议通过12页PPT来说明你和你公司的情况：

第1页　公司名、logo（标识）、口号等。

第2页　你的愿景：给出能说明你的公司为何会存在的最有说服力的理由。

第3页　解决的问题：你打算为用户解决什么问题？用户的痛点在哪里？

第4页　用户：你的目标用户是谁？你准备怎样获得这些目标用户？

第5页　解决方案：你提供了什么解决方案？为何现在是解决这个问题的最佳时机？

第6页　目标市场：总体有效市场[①]数据有多大？同时证明这个市场是真实存在的。

第7页　市场形势和现状：包括竞争对手、宏观趋势等。相比于竞争对手，你的优势是什么？

第8页　当前的亮点数据：列出关键统计数据、发展计划。

第9页　商业模型：你如何将用户转化为收益，目前的实际数据、计划和未来多久将达到的数据。

第10页　团队情况：创始人和创始团队成员介绍，阐述各自身上所具有的能保证成功的特质，详细介绍分工。

第11页　总结：三到五个关键词（市场规模、关键产品洞察

---

① TAM: total available market。

第 2 章
怎样写商业计划书，才能搞定投资人？

力和亮点数据）。

第12页 融资：包括之前已经完成的融资和此轮融资的目标。具体怎样使用这笔融资。可以加入产品路线图来阐明投资的价值。

信息时代，科技飞速发展，对"熊孩子们"有太多诱惑。几乎没有哪个孩子不玩手机、iPad（苹果公司发布的平板电脑）游戏的，同时几乎没有哪个家长不担忧孩子过度沉迷手机、iPad游戏。以"袋鼠家"命名的一款App应运而生，旨在帮助家长更好地管理孩子。

"袋鼠家"的BP是一份19页、1800多字的PPT。封面设计很有画面感，父亲牵着孩子的手站在路的尽头，"我会陪你慢慢长大"一句简单的话让人很容易明白这是一个有关亲子的项目。

这份BP主要包括以下几部分内容：

12堂关键创业课：

99%的创业都死于不懂这些道理 _020

  一、市场现状：父母的困扰。

  二、问题与解决方案：孩子沉迷软件游戏，急需增加与父母的交互、交流方式。

  三、市场机会与潜力：拥有4至18岁年龄段总人口达2.8亿的市场，以及父母的迫切需求。

  四、实现父母管控孩子移动终端的需求演示图。

  五、产品与服务形态（通过六页详细展示）。

  六、商业模式：与培训机构合作、销售硬件、数据营销、保险、衍生金融产品销售。

  七、创始团队展示：共五位创始人。

  八、核心优势：先发、技术、团队、垄断等。

  九、项目进展：2014年12月30日首推，之后每两周升级一版。

  十、市场容量和远景：学校通模式、实现交友社交等。

  十一、竞争格局：目前无竞争对手。

  十二、市场规划。

  十三、融资计划。

  "袋鼠家"创始人肖戈林是一位40岁的大叔型创业者，计算机软件硕士，有着丰富的产品经理经验。他说自己的职场经历比较简单，没有频繁地换工作，从运营商出来之后就一直在外企工作，除了销售之外基本所有的工作都做过。2006年，肖戈林以技术支持中心总经理的身份从单位离职，开始了他的第一次创业，和几个人一起创办了一家2B通信公司。2015年，他觉得移动互联网大潮来了。

  肖戈林说，他自己和几个合伙人的孩子大都是十一二岁，这个年龄段的孩子自控能力不够又有点叛逆,管理是个大问题。他们几个人都觉得这个项目就是自身的需求,如果他们自己都有这个需求,那这个年龄段孩子的父母多少也会有这方面的需求。于是,他们下定决心投身进去,投入所有的资源把这个项目做起来。

在展示之前,肖戈林自我检讨,因为自己是工科出身,他的主要精力几乎全部放在做技术、产品方面,所以他觉得这份商业计划书做得并不太好。

第一部分,肖戈林着重讲述市场,即问题的痛点。每到寒暑假和节假日,很多家长抱怨孩子怠于学习,总是玩手机玩到没电。于是他们决定推出一款手机应用来解决这个问题。这款App需要分别在家长、孩子的手机或者iPad上安装,父母可以通过它管控孩子的手机或者iPad上的各项应用。

市场机会有多大?

1)中国4~18岁的孩子有2.8亿,加上他们的父母,总人口在8亿左右。

2)各种App越来越多,各种智能终端越来越多,不良应用也越来越多。孩子没有鉴别力,没有自制力,父母放心吗?

3)经过统计,美国母亲说的最多的十句话排名第一的居然是:"孩子,别玩手机了。"

4)父母需要一个云平台管理孩子的智能手机、平板电脑和各种智能终端(智能手表、手环等)。

5)"袋鼠家"App可以有效地帮助父母"管控"和"关怀引导"孩子健康地生活和学习。

12堂关键创业课：

99%的创业都死于不懂这些道理 _022

在这份商业计划书里，肖戈林举了好几个真实案例，比如"袋鼠家"曾有一个用户，是一个即将上高三的上海女生，她每天玩微信玩到深夜一两点钟。之前母亲和孩子沟通，希望她不要再沉溺于微信聊天，但正处于青春期的孩子不愿意跟父母交流，后来父亲下载"袋鼠家"实现与女儿沟通。

谈及这份商业计划书的思路，肖戈林坦言，他做事的原则是希望所有人都能看懂，不论学历高低。所以他认为，通过列举真实案例会有助于投资人加深对产品的了解。

朴俊红（光合派创始人）却不这么认为，这几个特殊案例并不适合说服投资人，毕竟这是个案。还不如从以下两种方式着手，可能更有说服力。

一种是通过非常系统地调研，比如覆盖什么年龄段的人群，怎么实施的……从而推导出最终结论。

还有一种是从孩子的心理入手，例如孩子需要激励、鼓励、引导，在这种情况下该产品从设计上植入了哪些相应的元素，实践证明孩子更喜欢这样的应用等。

如果从这个角度切入，简单明了且一针见血，更容易吸引投资人的注意。

涉及心理层面的内容不可或缺，但一定要简洁清晰，因为这是一把双刃剑，你的产品是针对特定人群的特定需求，你必须既考虑到它的需要，也考虑到它的负面影响。

朴俊红认为，19页的商业计划书连篇累牍，而一些关键点却没有覆盖到。

朴俊红建议，商业计划书加封皮封底应控制在11～12页，应主要涵盖以下几个方面的内容：

一、行业和市场的分析（产业链、市场现存问题即痛点）。

二、产品的定位和市场价值，具体如何操作（包括产品的研发、生产、市场、销售策略等）。

三、对产品本身的介绍（描述这个项目如何实施以及最终达成的效果）。

四、产品的战略规划，这是相对核心的内容（主要包括产品分析、竞品分析、核心竞争力）。

五、行业竞争环境、竞争要素（尽量列出与竞争对手的对比分析，表明当前自己的商业机会。可以从技术壁垒、核心团队、用户数据、资源优势、运营策略、融资情况等方面进行比较）。

六、团队的优势（团队以往的经验、参与的项目、成员简历等）。

七、融资的期望和钱的去向（讲清自己的财务情况、融资计划、需要的金额、出让股份比例等）。

基本上十页PPT就能覆盖这几方面的内容，而这些也是投资人真正关心的重点。用近二十页PPT来介绍产品的"袋鼠家"，即便是通篇都在展示产品，却没有把产品的亮点突显，那么你增加的篇幅所产生的价值就十分有限，甚至是一种注意力浪费。

通常投资人打开一个陌生BP，浏览时间不会超过三分钟，平均每一页停留的时间在20秒左右。朴俊红说，她通常会直接看团队，而在肖戈林的商业计划书中，第13页提到团队，有五六个联合创始人，但资历经验仅用一句话寥寥概括。

团队

创始团队：肖戈林、郭茂森、杨雄辉、刘宇轩、李潮东

肖戈林（40岁）：计算机软件硕士，擅长技术和市场的结合，经验丰富的产品经理。

郭茂森（38岁）：清华MBA，市场敏感度强，擅长推广。

杨雄辉（40岁）：国内顶尖的java开发工程师，擅长手机应用服务器端的集群开发和iOS技术，负责带领整个开发团队，之前在宝利明威（企业级移动设备管理）为资深架构师。

刘宇轩（28岁）：资深安卓工程师，"每日瑜伽"创始员工，曾经负责过"每日瑜伽"的运营。

李潮东（57岁）：美籍知名企业家，天使投资人。

晨例会中的开发团队

看团队，主要是看团队成员有没有非常牛的工作背景，是不是有过一些创业成果。在讲清楚团队每个人是谁的基础上还需要有合理的分工，所以需要介绍团队主要成员的背景和特长。一般在这之后，投资人才会去看你做的是什么，定位和切入点是不是一个独特的角度。

创业实际上是产品和商业模式的创新。要让投资人知道你不是一个人在战斗，有没有团队也从侧面说明了你的领导能力，所以团队的翔实介绍必不可少。

其实BP跟简历有一个类似的地方。简历是为了给你未来的雇主展

示自己，你要在一页纸的范围内把过往的工作经历和擅长领域都突出出来，这样才有可能得到一个面试的机会。**而BP的目的是突出项目亮点和团队亮点来吸引投资人，争取会谈的机会**。所以从这一点上来说，你要清楚这个BP是写给谁看的。为自己而写，则要深刻思考企业未来的任务、发展方向、市场可行性，以及优劣势；为投资人而写，那就得让投资人发现项目亮点，产生想深入了解项目的兴趣。

"袋鼠家"的商业计划书举了很多简单粗暴、或假设或真实的案例，在讲产品定位和价值时可以提个案，但举例方式最好是个案和统计性分析相结合。对投资人来讲，这样更容易理解你的意图。

从言谈举止来看，肖戈林是比较成熟稳重的创业者，他自己及团队对项目来说是加分的。但在看BP的时候，朴俊红却没有任何想要面谈的欲望。所以本来可以加分的创始人在投资人看了BP之后反而减分了。

BP的好坏直接决定了你是否能得到一次和投资人深入沟通的机会。

2. 一份成功的商业计划书

  团建拿拿，一个"90后当道"的一站式团建（team building）平台，有租车、拍照、筛选、预订等功能。"团建拿拿"的创始人王嘉俊，2010年毕业于北大社会学系，曾经在互联网金融公司工作，先后从事创业、科技报道等领域，2015年年初辞职创业。

  这是一个老、中、青结合的团队，是媒体人和技术人员共同组成的一个团队。一个是科技记者，另一个是财讯主编，技术则由阿里后端做支撑。产品则是重度垂直的一个团建活动平台，王嘉俊认为这是一块比较空白的市场，可以支撑起一个比较独立的产业，面对的主要受众是年轻白领所在的公司，由此形成一个相对独特的商业模式。

  就团队而言，朴俊红表示，在看完BP后，还是极有兴趣详细面谈的。因为团队组合的短板相对不明显，分工较为清晰明确，有产品开发，有营销推广。

产品方面也具有一定特色。对于活动类产品而言，往往需要一些新的点子和创新，像王嘉俊这样一群"90后"最容易抓住这些点子。

"团建拿拿"的商业计划书一共13页，1500字左右，相较于"袋鼠家"19页的PPT，它似乎在形式上更接近投资人愿意看到的"规范版本"，简单、明了、直观。

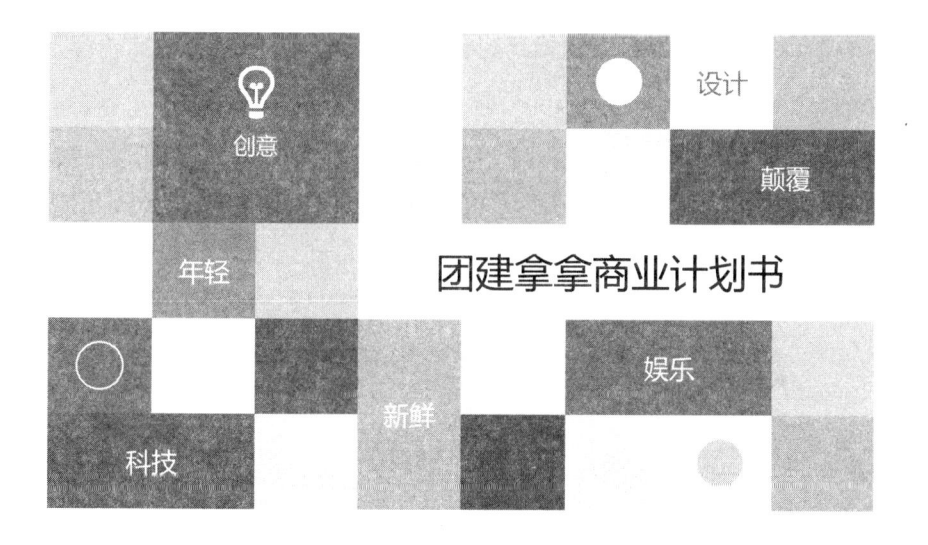

团建拿拿的商业计划书选择从以下几部分入手：

一、产品/用户定位：重度垂直/年轻白领公司。

二、团建市场现存的问题：复杂、麻烦，形式多为单纯的吃饭唱歌。

三、用户需求/解决方案：需要一站式的团建平台/提供一站式服务方案。

四、时机正好：消费升级、产业链缺口、资本布局、市场被

> # 12堂关键创业课：
> 99%的创业都死于不懂这些道理　_028

低估。

　　五、如何在同属性应用中杀出重围：对比应用。

　　六、如何切入：从创业公司、微信公众号推广、单款爆品、"抱团取暖"入手。

　　七、在产业链中的位置：正中"靶心"。

　　八、对市场的颠覆作用（通过两页展示）。

　　九、商业模式：交易佣金、周边产品销售/租赁、广告。

　　十、团队介绍：三位创始人。

　　十一、融资需求：天使轮300万元。

　　王嘉俊将自己的PPT总结为四个驱动力。

　　第一个是消费升级的驱动力，年轻群体越来越追求高品质生活，而这种追求是从生活向工作的一种延伸。80、90后逐渐成为公司领导人后，会对团建，尤其是有创意、有意思的团建，需求越来越大。

产品定位　　　　　VS　　　　　用户定位

重度垂直的创意团建活动平台　　　年轻白领所在的公司

第二个驱动力在于产业链缺口，现存团建产业现状实在差强人意，大部分团建都是周边游或简单的唱歌、吃饭。团建失败的原因是多重的：一方面传统团建公司在创意策划上缺乏新意；另一方面创意昂贵导致更新换代非常缓慢。

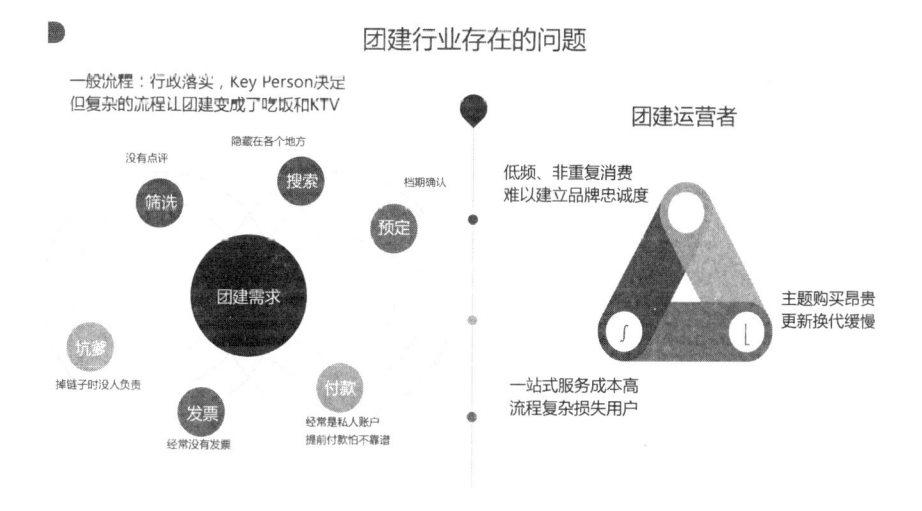

团建行业存在的问题

一般流程：行政落实，Key Person决定
但复杂的流程让团建变成了吃饭和KTV

没有点评
筛选

隐藏在各个地方
搜索

档期确认
预定

团建需求

坑爹
掉链子时没人负责

发票
经常没有发票

付款
经常是私人账户
提前付款怕不靠谱

团建运营者

低频、非重复消费
难以建立品牌忠诚度

主题购买昂贵
更新换代缓慢

一站式服务成本高
流程复杂损失用户

第二个是从资本层面来说，2015年后企业服务市场开始火爆。其实从2013年即能看出这个趋势，企业投资从2013年的11%上升到2014年的24%，重度垂直的模式逐渐得到市场认可。

最后是被低估的市场。干嘉俊团队曾做过调查，创业公司的第三方团建服务渗透率不足5%，"团建拿拿"完全有信心做到20%。

12堂关键创业课：
99%的创业都死于不懂这些道理 _030

▶ 商业模式

170亿的收入规模

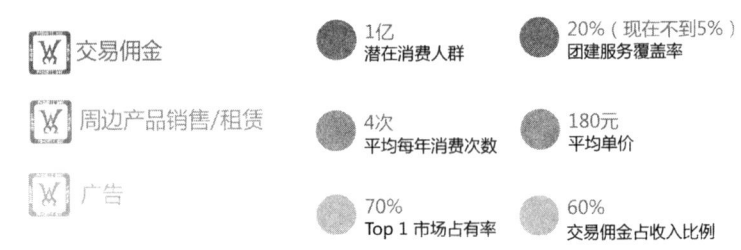

- 交易佣金
- 周边产品销售/租赁
- 广告

- 1亿 潜在消费人群
- 20%（现在不到5%）团建服务覆盖率
- 4次 平均每年消费次数
- 180元 平均单价
- 70% Top 1 市场占有率
- 60% 交易佣金占收入比例

注：团建服务覆盖率是指，潜在消费人群中有20%使用第三方团建服务

总之，王嘉俊认为现在是团建服务发力的绝佳时机。

▶ 现在是很好的进入时机

消费升级
年轻群体追求高品质生活
从个人生活向工作延伸
人才处于卖方市场，
公司更注重团队建设
80后、90后成为企业领导人，
有趣、创意成为团建新需求

产业链缺口
需要团建运营的企业
对团建平台有很大需求
传统的团建活动，
需要资本和新鲜血液注入，
完成创意团建转变

资本布局
企业服务开始火爆
重度垂直的模式得到认可
现在处于赛道布局阶段

被低估的市场
行业巨头尚未出现
市场渗透度不到5%
但有希望做到20%以上

对于王嘉俊多次强调的现有市场渗透率比较低的问题，朴俊红提出质疑，大家关心的是市场在你们看来发生了怎样的变化，有哪些痛

点亟待解决,而这份商业计划书里提到了市场以及企业服务投入越来越大……而这些问题在投资人看来不够聚焦,应具体映射到商业模式本身,即团建市场到底有多大。**意为你要做的事情必须落实到细分领域之中,市场到底是多大的一块"蛋糕",作为创始人必须把这个事情想清楚,否则,你会把自己绕进去。**

对此,王嘉俊解释道,他们有过关于这方面的调查。当今社会白领群体的人数规模是一亿左右,预测团建服务的覆盖率可以达到20%,若平均每人一年参与四次的话,大概有40%的市场占有率,一年的市场收入规模是150亿到170亿元。

相较于"袋鼠家"商业计划书中强调"童叟无欺"的金字招牌,王嘉俊的BP中更多的是直观的图形、数轴和列表,文字相对较少。朴俊红坦言,她更喜欢这样的BP,要点突出。在BP的每一页里面能够抓住投资人眼球的,最多只有几十个字。宏观看,要点可能是大字号或者颜色不一样的字,但切忌太过花哨,或图片过大。**如果从第一页看到最后一页能够清晰理解它的逻辑,基本上就是一个比较成功的BP了。如果你不能把这一页PPT里最想表达的要点突出的话,基本上投资人一秒钟就会翻页。**像上文中王嘉俊通过语言补充的市调数据,朴俊红建议最好简明扼要地写进BP,至少能证明你们在市场调研方面做过多少功课。

另外,王嘉俊的BP还有一个硬伤,即核心概念不够清晰,这很可能使投资人不知道你到底在做什么。其实这部分就是描述项目如何实施,以及最终达成的效果。如果这方面是你撰写BP的薄弱环节,不妨多研究一下同领域的精创企业,看看他们是如何做产品规划、阶段性验证、调整产品思路和商业模式的。

很多创始人都会将融资内容放在BP最后一页"压轴"。朴俊红坦言，关于融资环节，绝大部分创业者都做得不好，但这一页是商业计划书中不可或缺的一部分。要说清楚需要多少钱，这些钱准备在多久的时间内怎样用，按什么样的节奏去用，不同阶段你能够达到或呈现的不同效果。如果你只是在BP里写，我需要300万元或500万元，出让多少股权比例，主要用在招人、运营上，其实对投资人来说是完全没有有效信息的。**创业者在这一页最好能呈现用钱的节奏和预期达到的效果，需要重点说明本轮融资的具体用途，最好能够细化到具体项目。**

3. 商业计划书之外的功夫

朴俊红建议，BP要写得足够精练，这样才有机会见到投资人，另外，见投资人之前要做足准备，了解投资人专注的领域，并在介绍你的产品时用尽可能短的时间把你要做的事情说清楚。

如果你认为完成一份不错的商业计划书就万事大吉，那你就大错特错了。撰写商业计划书只是整个创业过程中的一环，还包括计划书是如何发出、给谁看、经由谁介绍推荐、面谈等，交往中的任何细节都会有意或无意地加入投资人对你的判断当中。

对一般投资人来说，如果15分钟内听不到这个项目的亮点的话，就基本没有兴趣再听你展开了。通常投资人会给创业者半个小时的时间进行讲演展示，如果在这个时间范围内没有办法让投资人听到眼前一亮的内容，那么基本上后面就是在浪费彼此的时间。

文中的两位创始人在制作BP时不约而同地选择了PPT格式。投资

12堂关键创业课：

99%的创业都死于不懂这些道理 _034

人认为这是明智之举，因为PPT可以图文并茂，更能突出要点。但需注意，图片更多的是辅助功能，真正不可或缺的还是精准的文字叙述。但选取适当的图片往往也能精确地诠释文字所表达的观点，为你的BP锦上添花。

Word的形式则更容易变成陈述性语言，不容易被投资人抓住项目亮点。

关于BP的风格，众说纷纭。BP也能从侧面体现创始人的风格，有热血沸腾要做最牛最强最大的，有柔情似水的，有喜欢数字表格层层罗列的，也有叫板大佬表示我一定是下一个马云的，等等。朴俊红认为，叫板大佬的BP，投资人基本都不太看好，会觉得这个创业者头脑发热，一腔"狗血"。因为颠覆实际是件非常难的事，能把一件小而美的事情做好已经很不容易了，所以用颠覆的预期打动投资人反而比较难。其实，BP里多一些数据和相对理性客观的分析，说明你对市场的理解相对准确、深刻，便足矣。

当然，投资人对BP的喜好也不同。江湖传言，真格基金的徐小平喜欢概念上吸引人的，要有意思很好玩、值得他去细细品味的项目。一般人会觉得玩概念特别烧钱，但据说徐小平喜欢，他就是要找有趣的公司。在我写这篇文章时，他刚刚投了papi酱。据说，如果他觉得项目本身很枯燥，那么你摆出再多的数据也未必能引起他的注意。

相反的例子是薛蛮子，据说他是典型的不见兔子不撒鹰，要看数据，看风险，计算回报，没弄明白前他是绝对不会轻易给钱的。但如此精明的薛蛮子也曾在2011年他的生日晚宴上当众大呼："马云是我最大的失误。"当年孙正义准备投资马云，薛不屑一顾："这厮长成这样儿，有什么前途？"后来，在晚宴上大叫："我错啦，惭愧啊。哈哈哈。"这充分展现了他幽默可爱的一面。

据说，如果你的项目突出社区和移动平台的强大竞争力，符合卓越系战略部署的需求，雷军会对你有兴趣。

还有更土豪的江湖传言，软银集团董事长就是那个慧眼识马云、投资了阿里巴巴的孙正义，他是先认可你的人，认可你后，硬塞给你足够的钱，提高你对手的竞争难度，让他们知难而退，不退的话就用软银的巨款代表月亮帮你消灭他们。

而这些，都是江湖传言……

看似薄薄十几页的商业计划书，实则蕴含着大学问。

融资成功的核心是要有好的团队和靠谱的项目，而BP更多的是起到敲门砖的作用。希望每位创业者拿出这份"敲门砖"时能面带微笑，娓娓道来：

"你好，这是我的BP！"

第3章
创业办公地点的选择

◎ 他们为什么都选择众创空间？

◎ 办公场地，你还有更多选择

1. 他们为什么都选择众创空间?

初创公司应该选择什么样的地方办公?说法各异。

初创公司是自己找民居、写字楼还是入驻众创空间、企业孵化器、企业加速器、咖啡馆?

创业的不同阶段有不同的选择,选择你能承受的,对你而言交通最便利、吃饭最方便、气场最合的!

截至2015年年底,全国科技企业孵化器数量近3000家,除此之外,还有众创空间2300多家。

这只是不完全统计,对大多数创业者来说,他们连孵化器、加速器、众创空间有什么区别都说不清楚,更别说选择了。

办公室的环境会影响员工的工作情绪与效率,初创公司更需要一个可以提振员工士气、提升员工创造力,从而提高生产力的办公环境。

12堂关键创业课：
99%的创业都死于不懂这些道理

说到刷脸两个字，大家会立马联想到颜值。作为刷脸科技的创始人，马顺不光颜值高，而且北大MBA的学历说明他智商也爆表。问他为什么"半路出家"投身于熟人借贷行业。马顺说，**好奇心和使命感才是创业的核心驱动力。**他的初衷其实是想做一件好玩的产品，将时兴的"靠脸吃饭"与金融行业相结合。

从颜值经济学角度讲，外观与个人经济收入、信用可靠程度、社会接受程度有一定的相关性。刷脸科技，是基于社交化、社会化征信和人脸识别大数据快速授信，依托App形式，用手机拍摄一张照片，通过脸部识别、年龄数据、位置信息、背景信息综合判断，轻松获取相应信用额度。这种互联网大数据征信系统，区别于传统的抵押身份证、房产证等烦琐、低效实现信用"货币化"的方式。

一谈及熟人借贷，相信部分朋友还停留在"熟人借钱你就别指望还"的观念上。其实不然，马顺曾就此做过一项调研，现行市场上，熟人借贷已成为一种十分通行的方式，大家之所以对它有负面看法，实际是建立在地域文化观念的截然不同上。在北方，熟人借贷更像是一种情感行为，哥们找你开口借钱，你一定得借，这是情感回报；但在南方，熟人借贷更多代表的是一种经济行为，即熟人借贷也要利息化、规则化。马顺认为，相较于前者，后者才是熟人借贷领域的大势所趋。所以刷脸科技将成为一种工具，基于互联网大数据方式，改变熟人借贷的传统情感经济行为模式。

除照片识别外，刷脸科技将采用朋友圈授信方式，匹配用户的社会关系，并在用户授权的情况下验证社会关系是否真实，从而避免用户申请贷款时陷入目前在传统金融机构那种被"审讯"的尴尬窘境。

自诩90后思维,实为70末尾的马顺,其实是个经验老到的连续创业者。多年传统金融行业的工作经验,使他深刻意识到市场尤为需要一种更加互联网化的金融服务工具。2013年,马顺从外资公司离职,初生牛犊不怕虎的他创立了第一家互联网理财公司——找银子,并取得行业平台五十强的不俗成绩。"找银子"被某上市公司并购后,马顺团队再次出击,将目光锁定在互联网大数据征信市场,试图帮助年轻人从他们的朋友关系中获得金融服务。

刷脸科技自2015年下半年正式推出后,目前已有六位核心合伙人,团队成员30余人。同时,刷脸科技已有30万左右的注册用户,其中有借贷行为的达七八万人。征信黑名单、逾期不还的情况存在,但只占传统借贷方式的4%~5%。提及赢利模式,马顺坦言,初期的刷脸科技暂时采取免费策略,在企业步入稳定期后,将会收取一定的服务费。

关于办公场地,马顺选择了由万科前高管毛大庆创办的优客工场。

优客工场的CMO(首席营销官)高超表示,刷脸科技算是优客工场中规模较大的一支团队,且在金融领域采用较为前沿、独特的模式,即行业内老生常谈的"大数据",而"刷脸"就是典型的结合金融方式定义大数据的一种应用。虽然刷脸科技尚未赢利,但团队本身已获得一定标志性和跨界性带来的新颖角度,而这些在创业中都是举足轻重的,方向选对、找准了,赢利只是时

12堂关键创业课：
99%的创业都死于不懂这些道理 _042

间问题。

至于为什么选择优客工场。马顺说，他们曾经也在别的地方办过公，后来才迁到这儿。究其原因，在政策的冲击之下，雨后春笋般冒头的众创空间非常多，但质量参差不齐。"众创空间"是为小微创新企业及个人创新创业提供低成本、便利化、全要素的开放式综合服务的空间。创客空间、创业咖啡、创新工厂，甚至科技媒体等，都是众创空间的具体表现形式。

但众创空间遍地开花一窝蜂出现的同时也暴露了不少问题。首先就是有些众创空间有店无客，创业者参与度极低。其次，部分众创空间存在办公环境成本高、难以获得有效技术知识信息支持、缺乏产业链或产业生态支持等短板。

虽然平均一个工位2000元①的优客工场对创业公司来讲并不便宜，但马顺认为很值得。

马顺最初创业时租过民居，装修、水电等杂七杂八的事让他对办公地点的选择非常头疼，他认为那些完完全全不是一个创业公司该重点花资源、时间和精力的地方。第二次创业时，他果断选择一个专业的第三方把这些事全部做好，他和团队有点拎包入驻的意思。

马顺认为优客工场还有一个好处是全国各地都有，当公司发展到足够大，需要在全国其他城市开设分支时，也可以跟着它走，不用费一点时间精力成本。马顺的想法代表了创业企业选择联合办公的一个

---

① 因城市、地段不同，价位有所不同，目前最贵的是上海金融区陆家嘴，一个工位需要5000元人民币。

初衷，区别于一张桌子、一间房间的"白手起家"，创业更需要一个良好的生态环境。

但并不是所有的创业公司都适合选择众创空间，**公司发展的不同阶段需要不同的办公环境。**像优客工场这样的联合办公空间适合已经有一点基础的创业团队，比如已拿到天使投资或者特别早期的两三个人的小规模团队。

从成本上来说，一个企业初创阶段实际上需要对接的资源非常多，创业也有一个TCO（总拥有成本）[①]，比如找地方、招募团队、组建班子、产品整合、融资……

而这些在众创空间这样的联合办公环境中比较好解决。马顺举例说，花同样的钱在一个小楼里面弄一个三居室也足够把这些人装下，但是首先招人就不好招，你在民居里面，很多来应聘的人一看是在民居租用的办公场所，他就不想来，联合办公这样的环境也不能被认为多高大上，但至少环境不错。其次，办公场所对创业者来讲不光是租了一个地方，更多的是需要创业者之间资源共享，因为初创团队不可能面面俱到，吸纳到各种人才。比如说需要一个做新媒体的就可以和另外一个做新媒体的创业团队互相沟通，利用闲暇时间，人才共享。而且彼此之间互相学习的过程对团队里的每一个人的成长也有帮助，这也是时下最流行的共享经济概念。另外，对初创公司来讲，至关重要的就是找融资了。我们经常开玩笑，很多创始人拿着BP到处去求爷爷、告奶奶，奈何投BP无门，找不到投资人。而这种联合

---

① Total Cost of Ownership，即从产品采购到后期使用、维护的总成本。

12堂关键创业课：
99%的创业都死于不懂这些道理

办公的模式，每个月会定期举办一次路演，把30多个创投机构的负责人带到现场，每一个企业都可以拿着它的BP进行路演，然后找到匹配的投资人。

这种效率最大化已经大大减少了一个创业者去做创业项目时遇到的纷繁复杂的问题，他只需要专注于项目本身，其他事情都可以交给联合办公。

另一个选择联合办公的创业者是悦跑圈的创始人齐宇，而他是属于项目做大到需要在其他城市开设分部，在人生地不熟、时间精力花不起的情况下，直接选择进驻众创空间。

齐宇算是爱一行干一行的典型代表，这位从澳大利亚留学归来的85后小伙子是一名狂热的运动爱好者。在连续创业过程中，电商、O2O、众筹等各种时兴或传统概念，他都尝试过，但迟迟找不到突破口。郁郁不得志的情况下，他开启了运动解压之旅，没承想歪打正着，集结了一群"臭味相投"的运动爱好者。在与他们的相处中，齐宇发现了跑步这项运动在中国的无穷潜力，运动者迫切需要一个分享交流的平台。

"悦"代表快乐，"跑"代表跑步，"圈"代表社交，"跑步+社交"的"悦跑圈"诞生了。

在谈及与国外跑步软件的区别时，齐宇认为，国内外跑者对运动的需求大相径庭。中国的跑者是跑给别人看的，老外是跑给自己的。悦跑圈满足的则是中国跑友的"晒心理"，通过跑友圈、排行榜等方式提供全新的跑步娱乐。

悦跑圈是跑步生活方式的提供者，不仅提供跑步App去记录分享，还有很多线下活动，甚至会提供马拉松的跑前、跑中、跑后服务，以及康复医疗等。以半程马拉松为例，与多地马拉松运动有密切合作的悦跑圈将同步开展"线上马拉松"活动。"线上马拉松"将打破地域和时间概念，即使不能亲临现场，用户依然可以通过悦跑圈参加马拉松的线上跑。在任何地方，跑同样的距离，悦跑圈会颁发一个完赛奖牌和完赛证书，让用户以更低成本感受不同城市的马拉松文化。

之所以有如此底气"叫板"传统马拉松，敢于把它搬到线上，要归结于悦跑圈引以为豪的反作弊系统。这个系统通过独自研发的特殊算法，可以知道用户是真实在跑还是借助其他交通工具或小动物在跑，以此保证比赛的绝对公平。

"跑步+社交"的模式其实在国内也并不罕见，行业中已有几个庞然大物横亘在悦跑圈面前——耐克、咕咚、小米手环，甚至微信运动都想分一杯羹。那么有这些大家伙在前面，悦跑圈要怎么才能杀进行业前列，并占据一席之地呢？

齐宇坦言，任何行业出现竞争都是常态，关键是要保持一颗平常心，放下仇视或偏见，做好分内之事。不管是产品设计，还是运营思路，更应该体现的是体育精神。热情、专注地把跑步这一件事做好，而且是长时间做好，这是悦跑圈最大的优势。至于赢利模式，坐拥千万级精准定位用户的平台，线上广告收入是必不可少的，而现在的悦跑圈正逐步从线上转移到线下，并加重线下收益的比重，体育本与离赢利仅一步之遥，从报名费到周边衍生品的销售都是悦跑圈的获利渠道。

目前悦跑圈的团队已达160多人，有四位同样富有运动精神与热血的联合创始人，本部在广州，60多人的分支在北京。问齐宇为什么把

12堂关键创业课：
99%的创业都死于不懂这些道理

北京分部的办公室选在优客工场。齐宇说，那是因为与优客工场CEO毛大庆因运动、跑步而起的这份缘分。当时优客工场刚刚创立，正逢悦跑圈也是创办初期，两个同样处于创业初期的跑友一拍即合，齐宇顺势在此"安营扎寨"。

在共享经济风行的今天，将闲置的汽车及司机资源利用起来成就了优步，将闲置的房屋利用起来成就了airbnb（中文名：空中食宿），将闲置的团队资源、人力资源利用起来协作办公会提高效率，但会不会出现互相挖角的现象呢？

高超认为，其实在共享世界中，企业不必只拥有某一种资源或某一个人的想法，若其中一家场内企业在某个开发阶段遇到困难时，它完全可以找别家的正处于闲置状态的相关工作人员解决，这样问题就迎刃而解了，并且事半功倍。甚至高超也可以以几百到几千元不等的价格"出租"自己。刷脸科技创始人马顺曾经就以198元的价格享受过优客首席律师专门针对初创企业就股份方面的咨询服务。初创企业一般请不起专职律师，更别说首席律师了，可股份方面的问题对每一家企业来说都是大问题。通过和首席律师一个小时的交流，理顺了马顺有关公司股份方面的困惑和顾虑。显而易见，这对初创公司来说，易操作、成本低且最高效。

简言之，像优客工场这样的众创空间更多还是以联合办公为主，是有偿的租赁服务，即便遇到好的跟投项目，也会先收取一定的租金，租金一般以地理位置为准，价格不等。但金钱绝对不是衡量能否在优客工场占据一席之地的绝对因素，是否拿到天使投资，团队规模大小也是考察一个企业能否入驻工场的条件之一。

2.办公场地，你还有更多选择

其实众创空间模式在国外已经发展到了一个相对成熟的阶段，并对本国创业创新产生了深远影响。作为众创空间鼻祖的WeWork是一家于2011年4月开始向纽约市创业人士提供服务的公司，专注于联合办公租赁市场。WeWork是不折不扣的共享经济代表，最大特点就是针对不同的创业公司提供不同的会员服务。不同之处在于租赁者使用办公区域的时间范围，能否租赁会议室甚至是否需要信件签收。当然费用不会白白收取，WeWork会设法让会员们意识到，他们加入的是一张巨大的商业网络。在这里，他们可以找到中意的合作伙伴、客户、投资人。WeWork在各路投资人眼中也是一个巨大的项目池。它通过对空间的设计，为租户创造各种"偶遇"的机会，甚至在卫生间遇到自己的投资人也不无可能。

眼下，WeWork即将进入中国市场的消息层出不穷，虽然优客工场

12堂关键创业课：
99%的创业都死于不懂这些道理 _048

曾被冠以"中国版WeWork"的帽子，但CEO毛大庆表示，优客工场并不是简单复制WeWork模式，如今的美国并没有中国如此规模兴盛的创业浪潮，所以优客工场打造的是更符合中国文化、中国需求的共享办公空间。

被誉为"创业之国"、创业公司数量仅次于硅谷的以色列，为满足不同企业的不同需求，同样出现了以PowerBall、In-Vent为首的众创空间。以PowerBall为例，它的运营方式和其他办公空间相似，创业者们可以在一幢可能是工厂改造的建筑里租用办公位置，月租金约1900元人民币，包括共享厨房和会议室等，除此之外也会向创业者提供其他增值服务，比如项目导师和相关指导等。

相似概念的还有英国创客空间Regus（雷格斯），它的服务宗旨是支持其客户在工作场所的任何需要，使他们在工作的地方，以最有效的方式，尽可能持久地享受工作。产品主要包括商务办公室、商务会议室、商务贵宾室、虚拟办公室、视频通信、商务环球、灾难恢复七类。

未来，例如优客工场这样的众创空间会推出比国外更先进的"5LG"概念，即融生活、创业、娱乐、体育、时尚、餐饮为一体。创业者工作时间长众所周知，推出"5LG"模式后，他们就可以完全宅在社群，专心工作。马顺对众创空间的便捷性深有感触，作为一名连续创业者，他不想再为除了创业以外的其他琐碎事情分神。

众创空间的佼佼者不光有毛大庆的优客工场，潘石屹的SOHO3Q、腾讯众创空间等也是行业先行者。

SOHO将自有写字楼、办公室以短租的形式对外出租，从预订开始,选位、支付等所有环节都可以直接在线上完成。租期最短为一周,租地可以是一张办公桌,亦可以是一间独立的办公室,创业者只需要带着手机和电脑来工作就可以了。

腾讯众创空间,它具备线上、线下五种核心功能:流量加速、开放支持、创业承载、培训教育和辐射带动。满足创业者对资金、成长、场地、营销和流量的需求。

除此之外,比较有名的众创空间还有梦想+、P2联合创业办公社、洪泰创新空间、创客总部、科技寺、无界空间、清华x-lab、纳什空间、We+、DayDayUp、极地国际创新中心、方糖小镇、Wedo联合创业社、京西创业公社、嘉诚众创空间……

为什么众创空间会在中国遍地开花,除了"全民创业,万众创新"的大背景外,《中国众创空间发展蓝皮书》对推动众创空间的发展也有翔实的建议:

一、合理制定众创空间绩效指标:加快众创空间发展,需要包括租金补贴、场地提供、税费减免等方面的政策扶持,但不宜将众创空间的发展作为一项硬性政绩指标,而要更注重其创新创业服务能力和孵化企业存活率。

二、鼓励联盟、投资、并购:国家主管部门应出台明确规定,支持众创空间的联合、联盟,支持有实力的众创空间开展对外投资并购、股权合作,追求规模化发展,全国化布局,做大做强。

三、健全众创空间投融资体系,打造全要素孵化平台:租金收入只是众创空间的基础收入,要形成一个自足的产业,它还必须形成全要素孵化平台、股权投资平台、资源合作共享平台。

四、坚持市场化配置资源的原则：不少地区的众创空间及创业孵化器，前期主要由政府推动创立，有的甚至是作为示范样本建立。

五、认真甄别金融领域的众创空间：金融领域的众创空间，尤其是涉及众筹的平台，应该严管严控。

六、降低准入门槛，简化登记手续：继续深化企业名称、经营范围和住所登记改革。企业名称可注册登记为"众创空间""创客空间"等专业名词，其经营范围可核定为"众创空间经营管理"。放宽企业住所登记条件，降低审查要求，积极落实"一址多照"政策。畅通绿色通道，推行"集中登记"。

其实在双创背景下，兴盛起来的不止有众创空间，孵化器、加速器也遍地开花。

孵化器原意是指人工孵化禽蛋的设备，后引申至经济领域，就是在企业创办初期，提供资金、管理、资源、策划等支持，帮助企业做强做大。高超认为，孵化器一般以投资为主，提供更大的财力、时间和缓冲。一般孵化器的场租是免费的或者象征性地收点费用。目前很多大学为支持大学生创业，都建立了创业园，园区以极低的价格将工位租给大学生创业者，这是典型的有政府支持的孵化器。在北美，平均孵化期为33个月。

还有一些企业家、投资人为了支持创业，孵化优质的高科技及互联网项目，成立了自己的孵化器。例如，李开复先生创办的创新工场、联想旗下的联想之星孵化基地等。一般企业性质的孵化器都会索取股份。

孵化器为有想法的年轻人提供了一个创业平台，创业者进入之后借助平台的资源，可以使初创企业快速度过婴儿期，有机会获得投资从而发展壮大。

加速器以投资、服务、支持创业项目为主，具有短期、集中、高度结构化和密集的特性。入驻加速器的初创公司一般以个位数的股份交换少量的资金和指导，加速器索取的股份一般比孵化器少。此外，很多国外的机构也在积极进入中国市场，例如微软创投加速器。

除上文提到的孵化器、加速器、众创空间等新型办公模式外，行业中也有像京东众创占部分股份，提供相应服务的模式，创业邦旗下孵化器Bang Camp，36氪旗下孵化器氪空间等通过成熟的媒体平台依托无盈利孵化或纯收费服务的模式。

除此之外，还有一种耳熟能详被戏称为"找个房子，设些咖啡座，隔几个卡位，也可以挂个众创空间牌子"的咖啡模式。像3W咖啡是由中国互联网行业领军企业家、创业家、投资人组成的人脉圈层。"3W"是一家公司化运营的组织，其业务包含天使投资、俱乐部、企业公关、会议组织和咖啡厅，3W咖啡是"3W"拥有的咖啡馆经营实体。3W咖啡是国内最早最成功的众筹创业咖啡馆，以3W咖啡为契机，搭建了中关村创业大街上最大的创新型孵化器——3W孵化器，这不仅解决了创业者的办公场地等硬件问题，同时衍生了除联合办公之外的其他服务。

从双创模式落地至今，全国的创业咖啡馆由三年前的几十家直线飙升至上千家，除北、上、广、深外，在济南、郑州、成都等省会城市也是遍地开花。但蜂拥而至的结果是加速了创业泡沫化。

12堂关键创业课：
99%的创业都死于不懂这些道理 _052

2016年2月，深圳一家名为"地库"的众创空间宣告破产。这是一个面积为1000平方米的地下室，有5个办公室和70个开放式工位，创始人和几个合伙人众筹100万元来操盘项目，但由于入驻率太低，经营困难。

而这并不是个案！目前，九成创业咖啡馆都处于亏损状态。

究其原因，伴随着"双创"浪潮，从2015年春天至今，全国各地新建了不少众创空间、创业咖啡馆、创客空间等。但是，同质化严重、无对接资源能力、做不到平台化全方位帮扶、经营者能力差异、依赖补贴、选址距离城区远等问题严重导致质素不一、良莠不齐。

基于此，"创投圈咖啡已凉"的说法甚嚣尘上。高超不仅不这么认为，反倒觉得这杯"咖啡"更有滋味了。针对目前孵化器、咖啡馆所面临的严峻形势，高超认为，应尽可能完善基础配套设施，考虑提供配套住宅，或提供如优客工场推出的"5LG"模式；尽可能区别于传统众创空间模式，提供舒适且充满趣味的办公环境；以审批、银行小额贷款、培训、路演、投融资等基础服务问题为切入点，真正做到全方位扶持入驻企业。

悦跑圈创始人齐宇也结合自身的创业经历表示，当公司处于一定阶段和规模时，办公室房租"在所难省"，毕竟你需要保证团队的有机运作。所以重要的是看创始人自己的选择，不管是孵化器，还是众创空间，对创业者来讲，都是可以节省时间和人工成本，使团队把精力真正用在产品上的绝对"神器"。

高超说，当时优客工场入驻了一个500强企业，大家都非常纳闷，不明白这么大的企业为什么会选择联合办公空间。而他们给出的答案是："我们是做科技的，我们要看到产业最前沿的部分，而联合办公空间中的小微型企业、创业型企业是整个科技产业的最前端，所以联合办公可能成为触碰这个时代最前沿的机会。"

彼时，众创空间这种全新的模式正在以一种前所未有的方式深刻影响着很多行业，它像一条进入装满沙丁鱼鱼槽的鲶鱼，将给行业带来不同的理念和新的活力，进而促进整个创投圈进一步蜕变。

这是最好的时代，因为创业者有如此多样的选择。当年阿里的办公室就在马云家；联想是柳传志带领着十名中国计算机科技人员从中科院传达室开始的；腾讯最早的办公室是马化腾向朋友借的一间舞蹈教室……

这并不是最坏的时代，作为一名初创者，选择恰如其分、有利于企业发展的办公环境请优先考量成本和交通两个要素。创业路上，你要做好长跑者的姿态，最好的并不一定是最适合的，最初的也不一定是最终的。

创业梦想，选个地方安放……

第4章
股权分配,一把双刃剑

◎ 你的股份分配合理吗?

◎ 股权结构优化的几种途径

1. 你的股份分配合理吗?

要想搞明白股份怎么分配更合理,首先得搞明白股份对于一家公司意味着什么。

股份对一家公司来讲,可用于公司治理、扩张、投资、激励员工、融资、收购兼并、上市、退出套现……

仅仅通过以上几点,就能看出来股份很重要!

那如果没搞明白股份对于一家公司意味着什么,即分配不合理、轻易许诺股份,会带来什么不良后果?

团队工作效率低下、容易被竞争对手挖角、面和心不和或同床异梦、融资受阻、上市艰难……

最近的例子如万宝之争,之前的"罗辑思维",再往前的"真功夫"都是因为股份的问题而被恶意收购、散伙、上市遇阻等。

尤其对初创公司来讲,没钱、没技术、没品牌,靠什么吸引或留

12堂关键创业课：

99%的创业都死于不懂这些道理 _058

住人才？由此可以看出，在创业起始做出清晰的股份规划和股份激励设计非常重要。

随着"SaaS（Software-as-a-Service，软件即服务）"浪潮的蓬勃兴起，创业者王超带来了他的项目"云代账"。这是基于企业级SaaS模式下的"云"字号服务，即为财务代账公司和中小微企业提供云企业级高效记账工具，围绕企业财务打造小微企业生态圈。

2015年，中国的企业级SaaS风光无限，市场融资总额高达40亿元人民币，IDG（美国国际数据集团）、红杉等多家顶级投资机构纷纷开抢企业级SaaS 2B项目，而国内企业级服务提供商已超过300家，新秀如纷享逍客、易企秀、红圈营销等，就连搜狐、360等互联网巨头也加入其中，不甘落后。

在中国做企业级云服务，由于市场潜力巨大且刚刚起步，确实很可能诞生"明星公司"抑或SaaS里的"独角兽"。百亿级的会计记账软件市场相较于时下火热的SaaS或社交软件来说，总体格局还处于"小、散、乱、弱"的状态，代账公司客户分散，办公软件的开发和维护成本较高。

王超说，自己的云代账与那些不尽如人意的记账服务软件的最大区别就是将传统行业与新兴SaaS相结合，以工具为切入点，旨在为代账的会计提供更好、更高效的工具。

谈到云代账的团队，王超说，云代账一共有5位联合创始人。作为创始人且投入较多资金的王超拥有67%的股份，其他联合创始人更多是技术入股，总共持有剩下的33%的股份。

第 4 章
股权分配，一把双刃剑_059

在云代账的团队中，来自和君咨询的张凌是王超的左膀右臂，主要负责软件运营工作，其他成员则分别来自阿里巴巴、百度和联想。如此看来，王超的团队可以算是一支"梦之队"了，在引进这些合伙人时，已拿到天使轮融资的云代账选择以共同稀释股份的方式分配股份。

众所周知，"罗辑思维"的罗振宇和申音走向"分家的坟墓"归根结底是因为在初始股份结构中，人股东申音占股比例超过82%，而现在声名显赫的罗振宇当时的持股比例则不到18%。这与"罗辑思维"所打出的"自由人的自由联合"口号相悖，也无法真实体现两个人对公司发展的贡献。

在总结失败教训时，申音曾用明星与经纪人的比喻来形容他们之间的关系：依托于契约的方式进行一个双向捆绑，但存在一方成名，另一方随时被抛弃的风险。所谓的"自由"，只有在团队一心所向时，彼此联系才牢固；反之，若团队人心涣散没有安全感，那么这种联系就会十分脆弱。"罗辑思维"虽身处移动互联网时代，但它本身存在不合理的股份分配逻辑，导致随着"自媒体明星"罗振宇的个人品牌越来越大，这种不合理性被持续放大，以致两人分家，老罗自立门户。

云代账的张凌说，在不了解详细情况的前提下，直接将股份比例搬到台面上对比，确实很容易雾里看花。而作为当局者的张凌表示自己非常清醒，因为云代账的股份分配是在几个维度的权衡之下最终确立的。

一是加入时点。张凌是在天使融资前加入团队的，而这时云代账

12堂关键创业课：
99%的创业都死于不懂这些道理 _060

的产品研发已进入尾声，正向上线阶段迈进。而这一切大多要归功于大股东王超在行业内近九年的人脉资源积累，云代账才得以顺利开花结果。

二是角色分工。在财务级企业服务领域里存在两道程序，第一道无可厚非，是财务本身；第二道就是2B的客户来源。不待蓍龟，拥有这两种属性的公司实力将非常强劲。

而这些，创始人王超都拥有，因为多年的行业积累和对客户的理解，公司内部的产品销售、客服等工作，基本由他一人负责。那么对张凌来讲，公司产品现已成型，他就只需在自己擅长的地方发挥：怎样对接投资人，在商业模式、内部运营、管理规范化流程、管理制度、运营方式和日常业务推进等方面出谋划策。所以他认为自己占公司除王超外的33%股份中的一部分非常合理。

作为已在行业拼搏九年的"老创业者"，王超感慨，身为创业者，行业口碑是极其重要的一项指标。与其说让团队成员服他，不如说认同他。跟团队中每位合伙人最初接触时，王超相信，他们一定对自己有过全面调查，就像投资人会在行业里打听他的过去、人品、是否信守承诺、工作能力如何等。

王超觉得，当所有人都认可你的为人处事、工作能力时，就会形成一股强劲的"磁场风暴"，人才自然而然会被吸引进来。

除了股份分配，关于合伙人退出机制，云代账几位创始人也协商确定以IPO（首次公开募股）为终极目标，公司IPO之后大家才可以退出，若中途退出则将以约定价格进行股份内部回购。

合伙人的薪酬问题，基于公司长期发展是第一位的，云代账采取了大多数公司会采取的高股份激励、低薪酬机制，这是业界比较认可，也能最大程度激发潜力的一种方式。这样，一方面合伙人拿基本工资，保障生活；另一方面业绩上则有一定的承诺。

总之，团队五位合伙人均认为云代账的股份分配、薪酬约定、退出机制都较为合理。

目前云代账正在准备A轮融资，目标是2000万元人民币，依旧以共同稀释的方式，出让20%的股份。而在A轮之前，王超的团队约定将共同做一个大的期权池。

听完云代账两位创始人的陈述，云筹创始人谢宏中认为，比起一些过分追求股份均分的团队，像云代账这样，**创始人与联合创始人股份比例在3∶1左右算较为合理的**。云代账目前已获得第一轮融资，如果说完美的项目是100分满分，谢总给这个在3个月内做到北京500家企业使用他们的产品，覆盖了10万家小企业的云代账90分。减掉10分是因为谢总觉得创始人需要缜密思考，找准公司成功的关键要素以及核心节点问题，而这些都需要王超不断学习。

"让生活变轻松。"这是李健为自己的品牌，装修管家交易平台"倾城派"提出的一句十分接地气的广告词，意在用自由的管家团队提供多样化的装修托管服务。用户群体则主要针对分身乏术，难以顾及家中装修情况的白领人群。优势主要体现在三个方面：定制化、价格、专业流程，即用户随时随地可以通过倾城派客户端看到自己家装修的状态和进度。

李健的野心不小，他认为，现如今的装修管家服务只是一个切入

12堂关键创业课：
99%的创业都死于不懂这些道理

口，先形成互联网化运作模式，后期会注重投入智能设备，同时还将实现后台、前台、用户端同时运营操作，并以强大的品牌产品提高商业效率。总之，李健希望未来的倾城派能向滴滴出行的模式靠拢，用信息化大数据服务极大地提升商业效率。

倾城派有四位合伙人，除了李健之外，一位是占29%股份的联合创始人王开阳，负责家装资源的覆盖；一位是占10%股份的钱帅，原在恒大地产负责计划和采购管理；最后一位是技术合伙人，来自途牛网，他的股份比例也是10%。身为创始人的李健的股份则为"永远只比最多的多1%"的51%。

问曾于恒大地产就职的钱帅，为倾城派带来丰厚房产资源的他对自己只占10%的股份有何感想？

钱帅与云代账合伙人张凌的想法大致相同，也是出于两个维度来权衡这件事的。首先是加入时点，钱帅比团队其他合伙人加入的时间都晚，而此时倾城派的工作统筹早已完成，所以原始股份肯定稍低一点；其次是企业角色定位，钱帅坦言，在与大开发商和用户接洽中，他确实较占优势，但软肋便是不擅争论，这时李健就必须出面商讨一些问题。所以10%的股份是他与李健在经过深思熟虑后共同敲定的。

基于云代账和倾城派的股份结构设计我们可以试图总结股份最容易出现的问题：

一、没白纸黑字逐条写入合约。

二、没有带头人。

三、权、责、利不明确。

四、进入规则、合作时间、退出机制不清晰。

五、增资扩股、股权转让制度不明确。

而创业一开始就制定好规则、做好约束将会最大限度地避免隐患发生！

这两家创业公司的两位联合创始人均提到了加入时点与角色定位，还有几种方式可以避免因为股份而产生争端：

一是为整个团队寻找都能信服的导师。这样一来，当出现争执的时候，这个导师可以充当仲裁者的角色。聚美优品在由游戏平台转型为美妆团购的过程中，便深得一直在背后支持聚美的天使投资人徐小平以及小米CEO雷军的"真传"。雷军曾告诉陈欧三点：要做一个市场足够大的东西，而不是自己喜欢的东西；正确的时间做正确的事；早期低成本高速扩张。这也为聚美日后成为"美妆巨头"打下坚实的基础。

二是提前确立创始人退出机制。就退出机制的合理性进行充分沟通，并做好团队的预期管理，然后再做产品落地。对持有51%股份、在中东地区有着五年工作经验的李健来讲，在签订合伙协议时，李健对于退出机制就有白纸黑字的规定，如若退出，不能带着股份离开，必须由公司进行内部回购。

三是避免分配陷阱。比如平均分配股份，兼职者比全职者股份多或兼职者持有公司大量股份，投资人对公司控股，给出点子的人或短期资源提供者发放大量股份等。

12堂关键创业课：
99%的创业都死于不懂这些道理

现在倾城派的当务之急是需要尽快步入融资阶段，李健打算通过共同稀释出让15%的股份来进行天使轮融资。但这样做会产生一个潜在隐患，即对最初已共同拥有49%的其他合伙人来讲，若能拉拢15%的合伙人在开会或者公司决策中提出不同意见，那么只剩40%多股份的李健就有可能失去对公司的绝对控制权或话语权。

对这一点，李健似乎并不太担心。他说，在融资前，团队内部会首先达成共识，防患于未然。但从情感角度来说，最关键的还是要看兄弟之情能否超越利益，共患难之后又能否共富贵。

但这其实已经为将来公司的发展埋下了隐患，因为商业社会靠的是规则不是情谊！

2. 股权结构优化的几种途径

谢宏中认为，对初创型企业来说，前一两轮的融资尤为重要，因为它将贯穿企业的创业精神、初心，这时创始人所起的主导作用至关重要。如果股份结构不尽合理，创始人增资是一个好方式，这会表明创始人对这个项目有更大的投入，通过投资和更多的付出，让自己在公司中所占股份比例偏多的理由更为充分。

除了增资以改变股权结构，谢总提议在薪酬结构、业绩回报、退出机制方面多下功夫。

薪酬结构。早期创业团队为平衡现金压力，可以适当在期权上多做一些承诺，同时设计为多年分比例兑现，缓解当期压力。如云代账的薪酬结构即采用高股份激励、低薪酬机制。另外，报酬应不仅只追求货币形式，也要包括精神报酬等，如更有吸引力的职务、更有挑战性的工作，以及更好的工作氛围、领导层更多的认可等。

12堂关键创业课：
99%的创业都死于不懂这些道理 _066

业绩回报。顾名思义，即量化员工在前期创业中产生了怎样的业绩，在工作上获得怎样的结果，对考核目标有一个基本的共识，然后承诺在后期可以通过一定的条例合同兑现相关薪酬。所以相关的条款应是透明的，大家都事先知道，这样才能让员工把自己的"看家本领"尽数使出。需要注意的是，因每一个公司、岗位情况不尽相同，所以要懂得根据实际情况进行灵活调整，量力而行。

退出机制。业界对此有一个生动诙谐的比喻——离婚机制，即指创业投资机构在其所投资的创业公司发展相对成熟后，将所投的资金由股份形态转化为资金形态。

一般来说，团队合伙人取得股份，是基于大家长期看好公司的发展前景，并愿意长期共同参与创业。因此，若不设定退出机制，并任由退出合伙人带走股份，这将是对长期参与创业的其他合伙人最大的不公平，对选择留下的合伙人来说，将十分缺乏安全感。

所以关于合伙人退出机制，作为创始人，应该明确几件事：

一、在为合伙人发放股份前，需要做深度沟通，协商好大家的预期底线。

二、明码标价，在一定期限内约定股份由创始股东代持，若中途退出即可内部回购或支付高额违约金。

三、股份回购即"买断"，对于退出合伙人，一方面可以全部或部分收回股份；另一方面应承认合伙人的贡献，按照一定溢价或折价回购股份。

现在，我们来对比上文中两个初创公司的股份情况。在第一个项目中，创始人王超所占股份为67%，而第二个项目中李健只占51%。谢宏中认为，在一个创业团队中，一般来说，股份比例三七开比较合理。顶级的核心创始人要占总股份的70%左右，这样起码可以满足两三轮融资的需要。这里所说的核心创始人，指的是团队中绝对个人的自然人主导。

对于引进人才的持股比例，假如他没有出资，完全出于岗位股份激励的话，则不应超过15%。如果一开始没有核心高管，那么员工期权池预留30%左右为好。若已存在核心高管稀释股份，预留10%到15%足矣。

一般来讲，期权池是在创业初期给不出较高薪酬的情况下，为了吸引人才和补偿骨干的创业风险、给予员工归属感，从而达到吸引且留住人才的一种方法。在业务已经能看到比较明确的成长性时，是发放期权最好的时间点。

期权与股权不同，股权代表所有权，期权则是代表在特定的时间以特定的价格购买特定所有权的权利，行权之后员工获得的股份才是普通股。

所以你需要注意以下几个期权池分配原则：

一、对公司发展极为重要或投入程度较深的人分配数额要大。

二、对一个初创公司来讲，越早加入风险越大，因此行权价格越低。

三、同一批员工的行权价格应尽量相同。

四、分配要以管理中高层和骨干员工为核心，也存在部分企业施行全员激励政策。

硅谷的惯例是预留公司全部股份的10%～20%作为期权池，由董事会在规定限额内决定给哪些员工发放以及发放数量，并决定价格。但也存在个例，360曾在期权池中预留40%作为激励，而华为更是预留高达97%的期权用于员工激励，也就是所谓的全员持股。

其实，关于公司上市的时候，创始人应持多少股份的问题，我们可以通过下面一组数据来分析：马云7.8%，马化腾14.43%，周鸿祎18.46%，刘强东20.468%，李彦宏22.9%。谷歌的佩奇与布林是14.01%与14.05%，facebook的扎克伯格是23.55%……如此看来，创始人所持股份在20%左右算是常态。

但如果一开始股份分配不合理，不用到上市，估计几轮融资稀释后创始人的股份就所剩无几了。这样的案例不在少数，结果很有可能沦为创始人看着自己一手带大的"孩子"成了别人家的。

站在投资人的立场上，当拿到一份BP和团队股权结构书时，相对于一股独大，平均分配才更加可怕。所以比较成功的模式一般是有一个核心创始人是决策的中心，另外搭配几个占股8%～10%的股东，有话语权也能跟老板唱反调，既可以有不同的意见，能共同拍板事务，又保证公司最终决策权还是掌控在创始人自己手中。

还有一种常见的情况，就是团队中有代持的存在。股权代持，是指实际出资人与他人约定，以他人名义代实际出资人履行股东权利义务的一种股权或股份处置方式。在这种情况下，实际出资人与名义出资人之间往往通过一纸协议确定存在代为持有股权或股份的事实。

谢宏中认为，**代持是创业团队股权分配较好的一种形式，因为初创时期对创业团队来说算是一个考验，未必会成功**。若一开始用代持的方式，更多可以起到约束作用，一旦出现措手不及的退出状况，也能将变动影响降到最低。可能有人会认为代持算民事责任，存在一定风险，那你完全可以在启动之前约定一个阶段，例如可以到天使轮投入时或变为实名时结束，毕竟一直代持到上市也没有必要。另外，若是对代持协议、股权结构的设计一窍不通，请一个律师或天使投资人指点一下，就可防范许多基本问题的发生，规避其中风险。

还有一点需要注意，上文中，两支创业团队在出让股权时不约而同地选择了共同稀释股份。诚然，共同稀释权益会比较清晰，而且股份稀释未必是件坏事，毕竟公司筹集到资金后发展速度会加快。但有些合伙人并不愿意共同稀释股份，简单来讲，如果一家公司融资前估值是800万元，而风险投资200万元，那么创业团队就有80%的股权，VC（风险投资）有20%，那么引进合伙人时，现在的创业团队得把自己的80%的股份部分预留给未来要引进的人才，一开始预留期权池就可以规避这样的不情愿。

股权，对一个发展信心极强，并有机会"一飞冲天"的潜力公司来讲，是对员工、高管团队最有价值的激励，也是最具号召力的激励。相反，如果公司前途无"亮"，那便是最没有价值、最不值钱的激励。

股权架构的相关问题可能是创业里最基本、最重要的，但又是在

12堂关键创业课：
99%的创业都死于不懂这些道理 _070

初创期最容易被忽视的。团队中的股权架构必不可少，但也并非是起死回生的灵丹妙药，反而是一把双刃剑，善用此剑的公司会成倍提高效率且走得更远。所以，股权结构绝没有"快刀斩乱麻""一刀切"的道理，除了要做到透明化、充分考虑公司未来前景外，最重要的是公平，这种公平是众人皆能感之的公平。对一个初创团队而言，这比谁拥有最大股份可能更有价值。

第5章
如何搞定你的投资人

◎ 第一次打电话给投资人,你要怎么说?

◎ 如何用"三分钟演讲"打动投资人?

1. 第一次打电话给投资人，你要怎么说？

  创业者与投资人的相遇有N种可能，想在不同场景打动投资人，需要多手准备。切中肯綮，相遇相知，在最好的创业年华告别孑然一身的酷寒才能迎来真正的春风拂面。遇见，投资人，你准备好了吗？

  快节奏的都市生活让我们每餐几乎都是工作餐，不得不承认，相比于城市逼仄便逝的人情味，家的味道还是很令人怀念的。

  2015年，胡笃晟创立了"蹭饭"，他说"蹭饭"是为白领一族和晚上下班回家但不想做饭的年轻人量身定制的。

  时下，外卖行业固然已成为O2O投资战场中硝烟弥漫的领域之一。而胡笃晟早在2013年的时候就创立了"阿姨厨房"，他们用了三年的时间来做餐饮O2O。三年的时间虽不长，但小胡认为能够让他了解这个行业，抓住这个行业。现在的"蹭饭"是整合了之前积蓄的经验和力量。

12堂关键创业课：
99%的创业都死于不懂这些道理

这款App的特点在于，用户用给家人做菜的态度烹制美食，通过"蹭饭"把这些饭菜分享给周围的邻居以及附近的白领，它既是外卖，又像家人送来的便当。

大众点评的张涛和美团的王兴都曾表达过一个观点：餐饮O2O目前的市场阶段很像淘宝的早期，充满想象空间。所以小胡说，这一次重新做"蹭饭"，会注重挖掘生活中的手艺人，饭菜精致且对食物有自己的设计。事实上这是吸取了之前"阿姨厨房"项目"数量多、物流难"的教训后的再出发。

而现在的"蹭饭"在配送方面采用了两种方式，第一种是基于小区内业态的自配送，全部是自取或自送的方式；第二种相对传统，从小区到写字楼的物流配送业态。

小胡对自己的第二次创业项目有着更为广阔的规划蓝图，他认为，"蹭饭"的市场绝不仅仅止步于北京和上海，App上线45天，北京天通苑地区的阿姨数量已经上千，而且还会继续增加，天津方面的市场也在持续跟进，势头良好。

如何让用户数实现可持续性增长？小胡认为无外乎基于几点：

一、用户获取：如何让用户进来？

二、激活：用户进来后，如何让他们开始使用你的产品？

三、留存：如何让他们一直使用你的产品，并让他们愿意主动回来？

四、"病毒"传播：你如何让那些黏性用户愿意主动帮你邀请其他人一起使用你的产品？

产品曝光度、口味、价格、便捷性等因素都会影响用户获取。有了活跃用户后就要快速对产品的用户体验的不合理之处做出反应，将用户的不适感降到最低。其实对开发者来讲，弄明白了用户与产品互动的方式以及他们为何喜欢它，留住用户就顺理成章了。在"蹭饭"项目中，或许可以套用那句老话："抓住漂泊白领的胃或许就留住了他们的人！"

想清楚了就开始做，小胡第一次遇见投资人徐绍毅（知合资本合伙人）是电话连线的方式，他觉得自己没把握好。

（创业者：胡笃晟　投资人：徐绍毅　下文以胡、徐代替）

胡："你好，徐总，我是'蹭饭'的创始人胡笃晟，然后您方便吗？"

徐："你好，我在会上。"

胡："在会上，我简单地说一下吧。我们现在的话，启动新一轮的融资，然后我们是国内做P2P模式的，O2O参与的先行者，目前我们在北京和上海这边开始做了，在小区已经做了一些验证，我们现在在您的公司附近开展我们的业务。"

徐："下载量有多少？"

胡："现在下载量不太高，大概是4000的下载量，在安卓端有4000多的下载量。"

徐："天使轮是谁投的？"

胡："天使轮的话，是晨兴资本、戴志康、钟路他们，天使的资本稍微有点多了。"

徐："我要接会了，麻烦发个商业计划书给我。"

胡："您的邮箱——"

12堂关键创业课：
99%的创业都死于不懂这些道理

电话被挂断。

与投资人交流的机会，比起半小时、一小时的项目演讲，往往你只有三五分钟甚至几十秒的时间，充其量也就够一个开场白。比如创业者几经周折给某位投资人打进了一个电话，说什么、怎么说需要好好揣度。

上面一段，我们完整呈现了小胡和徐总的电联内容，问徐总为什么无情挂断小胡的电话，徐总说："既然能找到我的电话，那肯定可以知道我的邮箱，这个问题十分多余完全可以省去。"

另外，创业者的开场白不够有力是经常出现的一个问题，未讲明项目究竟是什么，投资状况更是没有提及。让投资人步步询问的效果不如创业者主动给予。

觉得电话交流不如当面交流充分，于是我们又制造机会，让小胡和徐总面对面交流，或许可以加深印象，充分了解。

但事实并非如此，用徐总的话说，小胡的热情度不太高，对一些问题的考虑还不是很清楚。比如在"蹭饭"这个项目的法律风险上，想法就不是很充足。想涉足餐饮O2O的很多，看似门槛低但其实里面的玄机比你想象的要复杂。

产品品质要过关，还要保证卖得出去，供应链成本要足够低，物流要绝对快，资金链还不能断。提炼出来，产品的核心卖点往往要遵循六大法则：

一、确有其实：概念或卖点永远不能代替产品，必须建立在产品实物基础上。

二、确有其理：支撑产品核心卖点的理由必须可信、易懂、易于表达、便于记忆、易传播。要用投资人或消费者听得懂的语言去表达和交流。这一点"蹭饭"貌似想明白了，但是没有说明白。

三、确有其市：有足够数量的受众或需求者，过分狭小的目标市场将会降低产品获利的空间。选择的对象（"蹭饭"的对象是城市漂泊白领）必须是有购买能力的、相对集中的、容易锁定的。

四、确有其需：在市场需求或潜在需求中必须是实实在在的，最好是尚未被很好满足的"急需"，你可以发现、引导和满足潜在需求，不过这往往需要较大的市场教育成本和拓展代价。漂泊的白领是想抛弃盒饭吃到"家"的味道，但各种"妈妈味道""家的味道""外婆的味道"已让这块领域竞争激烈。

五、确有其特：提炼出来的核心卖点要优于或有别于其他同类产品，要有自己的个性，突出自身特点。

六、确有其途：核心卖点、品牌影响力必须有传递给目标消费者的途径，好的核心卖点是能够找到其"廉价"的快速传播通路的。

基于以上几点，小胡有但不全有，有涉足但不够深，和同质化产品有差异但不够明显。其实不论是"蹭饭"还是创始人小胡，本身还是有很多亮点的，比如"蹭饭"可以强调它的天使轮有明星投资人，小胡本人可以强调他是个连续创业者。

跟小胡几轮交流过后，徐总认为小胡最大的问题是缺乏激情。是否对自己所做的事情抱有极大的热情，这很重要，**毕竟能打动自己的演讲才有希望打动投资人。**

如何打动投资人和如何打动人一样，我并不认为是完全依靠技巧，也不认为是完全依靠情感，这事其实挺难。从科学的角度讲，打

12堂关键创业课：
99%的创业都死于不懂这些道理 _078

动别人就是要打动他的右脑，因为人是依靠右脑激发情感思维的，而讲故事则是让情感思维发散的最好方式。所以我们看到选秀比赛中爱选有故事的选手，想得到别人的关注或认同的人也爱讲故事，尤其是声泪俱下的那种。但当这个方法被用烂，当你一讲"初心"别人就觉得你矫情时，想打动别人尤其是投资人，请试着掌握以下几点：

一、**可以讲故事，但不要拿来炫耀**。听者并不会只是吸收你告诉他们的事实和信息，相反他们会聆听整个故事再自行做出推论，所以与其不断表达自己多苦多难，不如只是分享故事，让它自然而然地流入听者脑中。

二、**行话套话不要太多**。别讲只有自己听得懂的词，也少用像效应、平台、颠覆这些没实在意义的词。夸大表述可能会放大你的激情和决心，但在别人听来也突显浮夸或不成熟。在所有对乔布斯的赞誉之中，他对简单的坚持是一个最重要的点，简单的耐用性、简单的表述、简单的坚持。

三、**人情味**。人类是一切动作发生的起始。让故事里的主人翁更加真实、更加个性化，真实感能够让听者好奇接下来会发生什么。

四、**有点挫折比过分完美要好**。往往小挫折能够带来机会，加入一些弱点和疑惑，故事会更加让人同情，也更加可信。

五、**不要虚构**。表述要传递的是你和公司真正的价值观。

六、**掌握节奏**。说话慢一点，多些停顿更有说服力。美国心理学家研究发现，那些吐字特别快、说话像连珠炮，以及语调夸张、抑扬顿挫的人，成功说服他人的比例并不高。相反，语速平稳、会适时停顿的人说服力更强。每秒钟吐出"三个半"左右的音节，同时每个长句子停顿四五次，才是最佳的语速和说话节奏。

当听者没有被你打动甚至不知道你要表达的重点是什么的时候，除了你的表达很有可能有问题外，更要命的是你并没有想清楚自己要做的是什么。这点很致命，所以说清楚的前提是想明白！投资人有一个基本判断，口才可以不好，但反复讲不清楚，说明你脑子里这件事不清楚。解决办法？对着镜子练，对他人讲，当你能讲清楚的时候说明你把自己的思路理顺了。其实，讲解的过程就是不断梳理思路的过程！

2.如何用"三分钟演讲"打动投资人?

赵奇2012年创办爱易网络,做网店装修与设计,目前团队规模达到500人,客户有30万人。

赵奇的简历挺漂亮,国际经济与贸易专业毕业,曾经在拜耳等跨国公司工作。他大学一毕业就来到北京成了北漂,后来回到家乡西安创业,做过游戏、餐饮,也算多次跨界,最终在2012年选择了淘宝店铺装修设计这条路。

其实赵奇对网络电商有自己的认识,他说现在每天有300到500个客户订单,市场其实是非常大的。电子商务是一个图片视觉营销的行业,所以每个网店都无法绕开图片设计、网店装修这样一个基础需求。基于这样的现状,全年有将近200亿元的市场。

爱易网络的发展比较顺利,每年的财务流水都呈翻倍增长的趋势,目前属于微利状态。网店装修这个行业本身存在痛点,所有的店铺自己雇设计师和美工进行装修，一定是不经济的，所以必须有一个团队或公司去整合这个市场，提供统一的解决方案，形成规模效应。淘宝店主、天猫店主都是"爱易"的典型用户，所以爱易网络已经算是有一定商业模式的产品了，比起很多烧钱的产品，"爱易"在挣钱。

虽然从没融过资，但因为数据不错，自身具备造血能力，所以赵奇准备直接融A轮，丁是通过电联的方式首次遇见了投资人徐绍毅。

（创业者：赵奇　投资人：徐绍毅　下文以赵、徐代替）

赵："徐总您好，我是西安爱易网络的赵奇，您方便吗？"

徐："在会上。"

赵："那就打扰您一分钟，也是朋友给我的您的电话，我们'爱易'是中国网上视觉传达领域的领导者，简单来讲就是全国网店装修现在做得最大的公司，我们已经做了三年了，在职员工有500人，每年都是300%的增长，提供产品拍摄、网店设计、产品描述的策划设计以及网店管理软件等服务，整个这个市场全淘宝一千万店铺一年有将近200亿的份额，目前没有竞争对手，所以整个天使轮我们没有找投资，现在在融A轮，就是看看您这边有没有兴趣，想约一下您。"

徐："你发个短信给我，我让秘书给你约。"

赵："OK，谢谢徐总，再见。"

没有像上一位创业者那样被挂断电话，赵奇觉得自己很幸运。但我们也发现如果是通过电联方式初遇投资者，时间显得尤为珍贵，因为给你表达的时间非常有限。那么，在有限的时间里言简意赅突出重

12堂关键创业课：
99%的创业都死于不懂这些道理

点，让投资人对你乃至你的产品感兴趣变得尤为重要。

相比之下，赵奇的电联开场有翔实的数据、相对清晰的表达、对投资人的诉求。但徐总认为"没有竞争对手"这种绝对的话是不够严谨的。让投资人对你的产品感兴趣是一门功课，但吸引投资人不等于过分夸大和欺骗。

徐总说，他们投项目的时候，尤其是早期的时候，更多是看人，而不是看项目本身，因为他们认为好的创业者能够把一个项目做好，但是不好的创业者也可能把一个好项目做糟。这种情况下对投资人说"不好意思，我嘴笨"显然行不通。无论是电联遇到投资人还是电梯偶遇抑或面对面交流，一个好的"三分钟演讲"或者"电梯谈话"是需要技巧的，这绝不等于让你夸大产品优势或刻意讨好投资人。

对此，一位风投的建议是，一开始就应该把项目中和别人最不一样的东西提炼出来，在风投看计划书的时候引领到最精华的部分，然后辅以自己的讲解。告诉你的投资人竞争者在哪里，即让投资人知道他投资的潜在风险是什么。

马云曾说，创业者要在五分钟敲定几百万美元！"五分钟"听着确实有点夸张，但是在极短的时间内打动投资人，让他们有兴趣继续跟进，这是创业者需要持续锻炼的能力。实际上，这样的场景是让创业者学会长话短说，与之类似的还有著名的"电梯演讲"。

很多投资公司热衷在高校举办"1分钟电梯演讲"，例如美国风险投资基金Trilogy Ventures赞助清华、北大等名校"秀出创业金点子，一分钟赢取3000元"活动，就是要你在极短的时间内赢得关注！

在融资活动中，与VC谈项目常常就在电梯里搞定。"电梯演讲"

就是创业者在争取VC投资时，从办公楼大厅到VC办公室这段乘坐电梯的时间内所做的游说。如果在这一分钟之内，你的idea（主意）吸引了他的注意，那么你就会被请到办公室，否则，他就叫保安把你轰走。在很短的时间里把你的idea表述清楚，是每个创业者必备的能力。

相较于产品本身，不论是"爱易"还是"蹭饭"，两位创始人的表述都没有让投资人眼前一亮。在短时间内，表述是否成功，取决于你说的是不是投资人真正想听到的，不熟不做，不懂不买，怕的是你的表述给项目减分。

缺乏经验的创业者在尝试说服投资人的时候经常会犯如下一些典型的错误：

一、吹嘘市场份额。需要强调你所处的是一个存在着巨大商机的市场，但着眼点应该是描述清楚你提供的产品或服务究竟为这个市场带来了什么更好的、与众不同的解决方案，而非一味地强调市场有多巨大。

二、只描述发展速度而隐瞒成本消耗。你不能只给VC看你的企业营业额在上升，而隐瞒了上升过程中所需要消耗掉的巨大的"燃料"。

三、将不存在的市场当商机。这就是我们常说的伪需求（详情参见《创业公司的N种死法》一章）。

四、自吹自擂。投资人其实一眼就能看穿你在撒谎，从而对你的印象大打折扣。

五、透露企业已经把钱烧光。从这点可以判断出你不是一个能够很好地控制资金运作的人，或是一个对市场没有很好判断力的人。投资一般也不是雪中送炭而是锦上添花，这就是为什么不差钱时融到资，缺钱时反而融不到的道理。

六、搬弄虚假客户充门面。因为圈子很小，穿帮是大概率事件。

七、对财务状况一问三不知。不知道已经减分，要是胡诌那就是负分了，因为撒谎比不知道更严重。

所以，千万不要一味地认为自己的产品具有划时代的意义，短短几分钟不可能讲明白，而是应该把自己的模式想得更清楚，把自己的产品、用户定位想得更精准，这才是一个即将成功的创业者该有的着眼点，因为所有伟大的事业恰恰都是从一个简单的起点开始的。创业初期的你可能很弱小，但"既然选择了远方，便只顾风雨兼程"。你做好准备了吗？遇见，投资人！

第6章
融资：创业的起点，而非终点

◎ 种子轮融资——估值法
◎ 天使轮融资——讲个好故事能够事半功倍
◎ 融资到底去哪儿找？

1.种子轮融资——估值法

"种子、天使轮看人，A轮看产品，B轮看数据，C轮看收入……"

"几十万元的叫种子，100万到800万元的叫天使，800万到几千万元的叫A轮……"

这几句话基本是创业者与投资人之间约定俗成的融资"黄金定律"。简单归类：

种子投资：产品未成型，公司未成立，最初创业的投资，投资金额在5万到50万元，占股3%到15%。

天使投资：产品有了Demo（模板），或者有靠谱的团队，投资额在100万到800万元，占股10%到25%。

A、B、C轮融资：公司有了里程碑式的发展，比如某产品有了很高的市场份额，一般都是机构单独投资或者联合投资，投资金额在

12堂关键创业课：
99%的创业都死于不懂这些道理 _088

1000万元以上，A、B、C轮融资没有本质的差别。一般在C轮后公司已经具备上市实力了。

而在如今这个竞争日益激烈、投资日趋谨慎的大环境中，融资显然已是当代初创公司转型升级的必经之路。但一直以来，许多创业者往往因混淆各轮融资之间的联系与区别而走了不少的弯路。所以这次让我们一起来谈谈融资的那些门道。每轮融资到底靠什么？

北京是一座人群熙攘，但又只能孤军奋战的城市。北漂心中总会绷着一根弦，所以孤独往往可以轻易拨动。这位创业者就是北漂小伙段树伟，他的创业项目叫"聚食课"，就是为北漂提供一个私厨性质的服务中心。聚食课，聚拢的则是北漂自己的温暖味道。

如今的餐饮行业看似风光无限，其实背后瞬息万变。小段就给聚食课总结了两个时下非常时髦的关键词：

一个是社区。虽说聚食课是一个实体饭店，但他认为他们的饭店是具有社区性质的。通过口碑宣传，从而聚集了一群志同道合的"食客"，再以微信公众号为传播载体，每周选出一个大的主题让大伙聚在一起边聊边吃。比如这周这群人喜欢宠物，那么聚食课这周就会聊一个宠物的话题。菜单可以每周换一次，或者每两周换一次，这些都是由用户自己决定的。

另一个关键词就是众筹。对此，小段认为聚食课不仅要做好，还要做大，那必须有资本助力。所以今后的每一家聚食课，包括聚食课外卖中心，他们的投资人可以是数以百万计的白领，也可以是一无所有的北漂一族，也就是说，你既是消费者也是股东，不论你是什么身

第 6 章
融资：创业的起点，而非终点

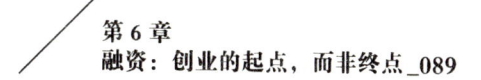

份，一个月只需出100元，就可以享受最新鲜的食材和私厨量身定制的可口佳肴，在这个享受的过程中也可以交到许多志同道合的朋友。

定制、众筹、圈子、社交……全是时下最时髦的元素。拿类似模式的黄太吉和西少爷进行对比，小段认为西少爷和黄太吉是通过资本方的力量完成自己的梦想，而聚食课则是通过"众筹"来凝聚大家的力量，打造一个属于每个北漂的私人后厨。

既然聚食课的优势被定义为实惠的同时又具有高品质，那么，它的成本又是怎么控制到同类品牌的五分之一呢？小段解释道，他们摒弃了品牌餐饮店成本占到80%的品牌费用、渠道费用，以及服务员费用和场地费用等这些不是十分必要的"花把式"，如果每一堂聚食课参与人数能达到500人以上，那么他们的成本又可以砍掉一成。

头脑中有了成形的计划后，小段的聚食课开始准备融种子轮，先融50万元，出让15%的股权。李梓阳（亚杰天使基金投资总监）表示，投资人会比较偏爱像小段这种连续创业者，因为创业需要很多经验的积累，那么不论成功或者失败，连续创业者在这方面已经交了很多"学费"，所以投资人投进去的钱会相对安全一些。

但是李总直接提出了他对这个项目的担忧，虽说"民以食为天"，餐饮业是一个大生意，但餐饮这片"红海"因为门槛不太高而竞争非常激烈。像"回家吃饭"或者"妈妈味道"之类的项目其实是一个比较C2C[1]或者B2B[2]的项目，而小段的聚食课则是一个

---

[1] 个人与个人之间的电子商务。
[2] 企业与企业之间通过专用网络或互联网，进行数据信息的交换、传递，开展交易活动的商业模式。

12堂关键创业课：
99%的创业都死于不懂这些道理 _090

B2C[①]项目，也就是利用互联网思维去做餐饮类的共享经济。但是这种做法资产会重一些，扩张性是投资人最主要考量的问题。另外聚食课成本很低，没有核心卖点，如果有另外一个团队疯狂扩张，对聚食课来说会不会变成一个资本的战争呢？

小段的种子融资之路并非一帆风顺。他也感慨，在创业之路上，其实3F[②]给了他巨大的帮助。但是，没有外部投资，大部分的创业公司都无法存活。从项目启动到最后赢利，这是一个漫长的过程，而这个过程中仅靠创始人以及家人、朋友的资金是远远不够的。资金不仅可以帮助创业公司实现生存与发展，在各个方面都能发挥很重要的作用，所以融资是一个企业真正开始运作的重要标志，而有了投资的企业在稳定军心和鼓舞士气上都会有翻倍的成效。

那么如何能使聚食课这样不够成熟的初创企业顺利完成种子轮融资呢？

首先，估值！但是对刚融种子轮或天使轮的初创企业来讲，既无产品也无数据，甚至没有固定资产，也没有拿得出手的无形资产。除了几个技术人员、销售人员和一个想法之外一无所有，那么估值多少才合适？博克斯法，这种价值评估方法是由美国人博克斯首创的，对于初创期的企业进行价值评估的方法，典型做法是对所投企业根据下

---

① 企业通过互联网为消费者提供一个新型的购物或消费环境，消费者通过网络在网上购物、消费。
② 针对创业者在寻找天使投资时衍生的概念，3F即family、friends、fools，也就是说，创业者创业初期的天使资金主要来自家人、好友、傻瓜，最后的fools特指那些默默支持你、给予你温暖和帮助的人，也就是大家经常说的"贵人"。

第 6 章
融资：创业的起点，而非终点

面的公式来估值：

一个好的创意：100万元；

一个好的盈利模式：100万元；

优秀的管理团队：100万～200万元；

优秀的董事会：100万元；

巨大的产品前景：100万元；

加起来，一家初创企业的价值为100万～600万元。

也可以让市场或投资人来给你的公司估值，市场方面可以依托注意力经济，投资人对你的公司感兴趣得越多则会越提高你的估值！你也可以自己给自己的公司估值，参照和你类似的公司得出一个估值。

不过，有一点很重要，切勿自视甚高，狮子大开口，吓走投资人。或者当投资人问你，你这个估值是怎么算出来时，你的合理解释绝对会影响你在投资人心目中的印象！投资人更愿意给合理的估值投资，因为这有助于他今后的合理退出且收益最大化，同时也利于创业者在恰当的股份稀释下完成自己的融资目标。按照小段的种子轮预算，转让15%的股份是50万元，那么100%股份的估值就是300万元左右。小段透露，聚食课目前有两个投资方看好并一直支持着他们。

有了估值，接下来就需要寻找投资人、准备商业计划书等（内容详见另外篇章）！

2. 天使轮融资——讲个好故事能够事半功倍

第二位创业者叫刘志雄，他是一个养狗、爱狗、视狗如命的海归创业者，他的项目也跟狗狗密切相关，叫作"好狗狗"，他希望通过"好狗狗"平台，让每一只宠物狗有自己专属的宠物手艺人、私人顾问及私人医生，从而得到更加贴心的一对一服务。

而宠物手艺人不仅需要洗澡、美容、造型、驯犬等"十八般武艺"样样精通，更需要具备一定的专业技术含量。小刘说，与楼下普通宠物店最大的区别便是，"好狗狗"更加专注于手艺方面，为宠物狗提供的是专属于它们的贴心服务。另外，"好狗狗"也提供了一套好差评模式，如果手艺人想要做大，就必须有自己的品牌意识，必须用心去服务宠物用户，只有这样才会得到狗狗们的"好评"。

其实早在2013年，在美国打拼的小刘就已经开始了他的宠物社交

第 6 章
融资：创业的起点，而非终点_093

项目，他原本认为宠物主人愿意和同好者分享自己狗狗的照片及相处的时刻的，但后来他发现用户活跃度并没有预期那么高。所以他在创立"好狗狗"项目时，充分吸取了之前的教训，把破局点放在了相对实用的美容和服务方面，所以在整个切入的过程中，已经开始准备融A+轮的"好狗狗"发展速度非常迅猛。

从最初的天使轮300万元，PreA轮800万元，A轮1000万元，融了这么多轮的"好狗狗"已经算得上一个相对成熟的创业项目了。这时可能就会有一个比较实际的问题，那就是在每一轮融资中，项目都会出让一些股份，而给投资人出让的股份比例一般是创始团队共同稀释股份的结果。

关于这点，小刘给出了他的团队在融资时的一些经验：在一个项目融资的时候，都会面临融多少钱、出让多少股份比例等一系列的问题，团队成员在此之前都会有一个工作交流，然后再根据公司的业务需要，最终形成一个基本的定论。创始团队有了协商一致的定论后，就会统一告诉投资人，投资人如果还有问题，他就会私下跟创始人进行沟通和交流。总之，主要还是依据创始人的思路进行，因为公司本身还是由创始人来控制运作的，创始人对业务比较熟悉。柳传志认为，领军人物有点像阿拉伯数字中的"1"，后面跟一个0就是10，跟两个0就是100，跟三个0是1000。这句话很好地概括了公司创始人的重要性。

在谈到之前的融资经历时，小刘认为自己还是比较幸运的，起初是自己投钱做种子轮完成产品，后来在产品面市时就得到了朋友与京东股权众筹的天使投资，并获得了1.5亿元的估值。另外，"好狗狗"

12堂关键创业课：
99%的创业都死于不懂这些道理 _094

还有一个可能并不是十分常见的优势，那就是拥有演员章子怡这样的明星VC的投资，明星光环加上声誉影响力的天然优势自然会给初创企业带来更多的关注度。在这个注意力经济的年代，被看到、被关注就是资本。显而易见，在未来的发展中，这给"好狗狗"带来的宣传效应和收益都将是十分可观的。

天使轮与种子轮的融资方式大同小异，成功融到天使轮的小刘会认为，相对成熟的天使轮融资期间，需要的是创始人不断提升自己的演讲、路演能力，争取更多的与投资人对话的机会，比如明星投资人的加入可能就是一次消费体验后成功路转粉，而这除了好的产品、服务体验外，还得有会讲故事的创始人！

随着这两年天使投资开始被多数创业者所认知，"股权陷阱"也随之而来。尤其是初创团队，此刻股权价值不凸显，所以为了拿到投资总是轻易出让，但如果出让比例过高，在以后每一轮稀释中会出现创始人股份越来越少，最终失去公司控制权的可能，就是眼睁睁地看着自己一手养大的"孩子"离自己远去……所以一般来说，天使投资人和种子投资人合计持股比例最好不要超过30%。社交应用"陌陌"在天使轮中投资人所占比例为20%，可历经四轮融资上市后，创始人唐岩的股份从创办时的65%被稀释到约26%。原因如下：天使轮中投资人所占股份比例为20%，A轮投资人所占比例为33.26%，B轮投资人所占比例为20%，C轮投资人所占比例为11.57%，D轮投资人为13.16%，IPO投资人为10.96%。

当然，创始人初期不拿自己的股份当回事也很容易理解，当年苹果CEO乔布斯为了让粉刷匠给公司免费刷墙，提出以苹果公司股份取

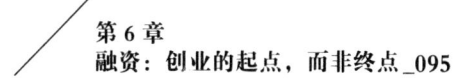

代刷墙费的建议,被刷墙师傅一口拒绝,估计刷墙师傅看到今天苹果公司的市值肯定悔不当初!所以越是初创企业,越要珍惜你的股份,因为没有人能准确地判断出公司未来的发展,哪怕这个人是乔布斯!

3. 融资到底去哪儿找？

融资金额方面，种子轮一般是100万人民币以下，多为几十万元，天使轮大概是100万到500万元之间，A轮大概是100万美元起，到200万美元、300万美元……每一轮之间会呈现三到五倍的增长。举个例子，完成了三轮融资的荔枝FM，它曾获得经纬中国数百万美元A轮融资，以及经纬中国和晨兴创投合投的1000万美元B轮融资和经纬中国、晨兴创投、小米科技和顺为资本合投的2000万美元C轮融资。但公司估值是由多个维度综合构成的，同时资本环境也有波峰波谷，所以资本过热时，像2015年春夏我们听过种子轮随便都能拿到上百万元的新闻，但2015年下半年所谓的资本寒冬，我们也看到只要给钱能活下去多少都接的案例。

另外不难发现，在一轮轮投资数额越滚越大的"资本游戏"中，往往会有多家投资公司联合投资。比如上文提到的荔枝FM，几乎每轮

第 6 章
融资：创业的起点，而非终点

的参投公司就有二到四家，而物流企业韵达快递在开始融资后，同样得到了复星集团、中国平安、招商银行、东方富海、云晖投资等金融机构注资。所以说，联合投资在融资过程中也是一种十分常见的投资模式。

对投资人来讲，用资金换取股份的目的是希望公司快速做大，以便在下一轮或以后的资本运作中合理退出，实现收益最大化！在每轮融资中，投资人撤资的例子屡见不鲜，在美团、大众点评合并融资初期，阿里便透露消息，即将退出美团，并转让估值约10亿美元的占总股本的7%的股份，而这将会对美团产生不小的影响。所以这时未雨绸缪就显得尤其重要了。提前商洽，并设立好退出机制并落实在协议上是融资前的重中之重。另外，无论你正处在哪一轮融资当中，也一定不要忘了尽快去寻找下一轮投资，从而为你的项目资金提供充裕的运作空间。最后，创始人与投资人之间的良好关系才是使合作双方坦诚相对的灵丹妙药。若是撤资发生得猝不及防，那么也不要过于慌张，你需要做的是尽快调整自己过于被动的地位"亡羊补牢"，要心平气和地与投资人进行深入的交流以及重新审视自己公司的现状，最大限度地止损。

包括之后愈加成熟的PreA轮、A轮、A+轮融资，在竞争激烈、互联网经济长期不赢利、融资轮次越来越多的市场中，对于投资人，可以分散融资风险，对于创始人，更是应该在产品内容（符合"普遍、显性、刚需、高频"八字诀）、股权结构（团队在天使轮后所占股份较低）、数据估值（用户数据不尽人意）等方面敲响警钟。

但在这个"大众创业，万众创新"的年代，并不是所有创业者

12堂关键创业课：
99%的创业都死于不懂这些道理 _098

都会有"好狗狗"的好运气，多数初创企业面对融资还是觉得非常困难。而寻找靠谱、适合自己的投资人的难度不亚于"大海捞针"。作为一个创业者，"好狗狗"的小刘也感慨道，创业初期时，投资人很多，但到了聊项目的时候，大多数人都会说："把你的BP给我看一眼。"然后就不再联系了。

通过这几年与投资人打交道，小刘认为，如果你真想找到融资，你就一定要明确正在接触的投资人是不是对你的项目真的感兴趣，还是只是在敷衍你。俗话说"褒贬是买主，喝彩是闲人"，如果投资人说："OK，我们回去看看。"那么他可能认为这个项目基本上不靠谱。但如果投资人问你的问题特别多，问得特别细、特别深、特别为难你。他才是真正对你有兴趣愿意坐下来聊一聊的！

那么，融资到底去哪儿找呢？小刘结合"好狗狗"的经历给出了自己的建议：如果你做天使轮、种子轮，最好是3F模式，因为只有朋友对你的认知更加清晰。就一个陌生人来说，除非对你这个行业特别看好，否则麻烦肯定少不了，接触的时间成本和精力成本会非常高。而在PreA轮时，融资就应该转变思路，从你投资圈的关系网里去找。所以大家可以看到很多创业者动不动就把BP发得满天飞，像发简历似的。其实这根本就不靠谱。一定要具有指向性地找到对你的项目真正感兴趣的投资人，其实投资人也是分行业、分领域的！你不妨先去做些数据研究，如果说在A轮时，你的商业模式清晰明了，那么B轮基本上看你的数据就可以了。如果在B轮时，你已经在行业中崭露锋芒，那时候主被动关系就变了，会有很多投资人主动来找你。所以这种

第 6 章
融资：创业的起点，而非终点

融资难的情况最多的是发生在种子轮、天使轮、PreA轮这个级别，只要迈过这个门槛，在B轮融资三五千万元，甚至一个亿元的资本运作中，融资模式是非常成熟、系统的。一般到了B轮，投资人就有了收益，那么对他来说，这个项目就有收购价值了。

融资到底去哪儿找？综合来看：

种子轮：创始人自己掏钱或者哥几个凑点钱，或者找3F拿钱。

天使轮：AI即天使投资（Angel Investment），富有的个人或机构出资给予小型初创企业的一次性的前期投资。

A轮：VC即风险投资（Venture Capital），泛指一切具有高风险、高潜在收益的投资。

B轮：VC或PE，PE即私募股权投资（Private Equity），是指通过私募形式对私有企业，即非上市企业，进行的权益性投资，在交易实施过程中附带考虑了将来的退出机制，即通过上市、并购或管理层回购等方式出售持股获利。

C轮：PE，或者之前VC一般也会选择跟投。公司一般在C轮后已经具备上市实力了，当然也有公司选择再融几轮。

所以，我们也常会看到很多规模较大、知名度很高的公司，例如饿了么、酒仙网等已经融到了F轮、G轮。是否继续融资取决于你公司自身的发展状况，有一些企业所在的行业可能融完A轮之后就已经稳操胜券，成为这个行业的老大，即我们常说的"独角兽"，那么它们下一步可能就会直接进行IPO（首次公开募股）。

12堂关键创业课：
99%的创业都死于不懂这些道理 _100

现在的创业项目多集中在互联网行业，这和其他行业的显性差异在于，互联网企业是垄断的、规模化的，也是最容易被拿走、被抢先的。如果是这样，后起之秀就只能喝一点汤，比如在细分化领域尝试做大。所以这个行业的创业公司可能会从A轮融到G轮，但其实你融多少轮并不意味着什么，如果公司在行业里没有露出头来，没有成为老大，像是美团，它再去融资时可能就没有人去付这笔愈滚愈大的"雪球"了，那么它们的出路就只能是IPO上市之类。

所以对初创企业来讲，能否成功融资是其能否通向成功的第一步，是资本对你是否认可的一种表现。而融资成功后，也仅仅意味着"资本战争"刚刚打响，初创企业还可能死在A轮后、B轮后、C轮后的战场上。从2015年第二季度的投融资数据报告来看，完成A轮的有202家企业，完成B轮的有78家企业，而完成C轮的仅有24家企业，B轮到C轮的死亡率竟高达69%，而A轮到B轮的死亡率也高达61%，C轮则是被认为最易死的阶段。融资成功时不要过分乐观，任何阶段都要对估值保持一定的弹性且避免被虚假估值误导，现金储备方面给下一轮留出充足的时间，更多的企业融到这一轮的时候已经开始着手下一轮了，有时候引入战略投资人也不是坏事，因为即使暂时资金充足，初创公司的创始人也要有随时可能出现风向变动，危险临近的心态！

捉襟见肘的初创企业往往融资难，可是如果"我"的公司现在暂时还不缺钱，那还需要去融资吗？马云说，对那些今天赢利情况很好的企业，你们要记住，你一定要在你很赚钱的时候去融资，在你不需要钱的时候去融资，要在阳光灿烂的日子修理屋顶，而不是等到需要钱的时候再去融资，那你就麻烦了。所以，在你不需要钱的时候去融资，这是融资的最佳时间。

获得第一笔融资是验证一个项目是否被资本认可、是否值得去做以及你是否准备好去做的一个要素，而之后的A、B、C、D、E、F、G轮融资更是一次次残酷的挑战和历练。李梓阳也表示，**融资一定要提前做好规划，不能在你想要钱的时候临时抱佛脚，要时刻注意资本市场的动向。另外很重要的一点是，企业破产不要紧，但是一个企业道德破产就完蛋了**。一旦一个人的名声在圈内臭了的话，可能他就只能靠连续创业者的名头来挣回一点加分。人的一生很长，创业，诚信道德最重要！

创业者一旦启动了融资就不要停，把握好融资节奏"小步快跑"。在某一轮融资时卡住了也不要轻言放弃，现在的我们处在一个"全民创业，万众创新"的商业环境里，我们必须要明白市场在变化，新的投资图景也在形成，而融资只是起点，永远也不会成为创业的终点。

第 7 章
投资人来把脉：你的模式靠谱否？

◎ 远离有"天花板"的行业

◎ 你的品牌有辨识度吗？

◎ 不要进入"红海"行业

1. 远离有"天花板"的行业

"回答真心，提问走心，保持平常心。"请先将这"三心"铭记在心。

不用刻意放低姿态，其实你和投资人是对等的。首先，你要对自己和投资人的关系有一个正确的定位，先不要过多地考虑投资人的"领袖"身份，而是要把自己和投资人放在一个平等的平台上，你可以把他当作准备结交的朋友，虽然对方不一定会是一个合格的朋友。

接着，你需要准备一个投资人希望看到的"故事"，将你项目的整体结构，简明扼要地呈现在投资人眼前，不要在"假大空"的描述性情节上下功夫，投资人一天看几个甚至几十个项目，你的商业模式是否具有投资价值他一眼就能看出。所以你该做的就是通过对比、推理、数据、调研去阐述项目的细节，然后推动投资人做出决策。

基于以上几点，我们给三位创业者一个"极限挑战"，那就是在

12堂关键创业课：
99%的创业都死于不懂这些道理 _106

有限的13分钟内尽可能博得明星投资人朱拥华（联想控股战投部责任董事）的青睐。

"海饺七"，一个乍一听让人有些摸不着头脑的名字，说不定你还会由此联想到电影《海角七号》。其实不然，创始人郑伟解释道，海饺七是一款有着互联网思维的售卖海鲜水饺的产品，他希望可以打造"堂食+外卖+流通品"的模式，做到不仅要好吃，而且兼顾社交性。此外，郑伟还给他的项目一个罗曼蒂克的解释：海角天涯在一起，简称"海饺七"。

时下最火热的创业关键词中，"社交属性"当仁不让地占据一隅。水饺和社交怎么结合呢？郑伟认为，海饺七打造的应该是一个社群化的电商餐厅，不局限于实体餐厅，而是把它变为一个流量的入口，通过社群的形式连接沉淀用户，进行会员管理。同时在一线城市开设主题餐厅，在这个基础上去打造社群，通过社群的方式，可以让大家更清楚海饺七的食材产地、来源，这样对食品安全和品牌认知会起到一个很好的帮助。让流通品去"跑马圈地"，这样才会带给全国市场更大的想象空间。

郑伟是个地道的山东青岛小伙，他在本地的互联网门户与之相关的频道工作过四年，美食、装修，包括线上线下的活动，车展、房展他都参与过且多是他本人一手操盘。来到北京，他先是潜心做了三年的大型餐饮连锁食品供货，结合沿海城市人特有的对海鲜的敏锐度与长达七年的工作经验，在他到北京第四年的时候，他决定厚积薄发，打造新海鲜速食主义水饺"海饺七"，以互联网的思维和方式来运

第 7 章
投资人来把脉：你的模式靠谱否？_107

作，并公开制作方式和制作流程。海饺七的七款海鲜产品和七种蔬菜汁产品看起来非常绚丽。而它的用户定位也非常有针对性，专注于都市快节奏生活一族，追求健康美食并且认可海鲜的人。

关于流通方式，郑伟有三种设想：一种是餐厅可能就在你家楼下；一种是外卖配送直达你的办公室；还有一种是流通品，更多专注于你家冰箱的空间。

一般来说，不论投资人是投资早期项目，还是中后期项目，实际上是需要过程、时间和很多环节的。虽说四五个月内有可能连续投出四五个案子，但这并不是说十几分钟之内就可以投出一个。

朱拥华认为，互联网模式下的社群形式，这个路子是对的。好的一面，就是郑伟涉足的水饺市场是一个不错的选择。一般来说，投资者在选择要不要投资一个项目时，首先会考虑这是不是一个天花板足够高的行业。命犯"三高"（高投入、高负债、高能耗）的行业成长性不高，很难在接下来的发展中表现出色。如果不想让投资人一听你所处的行业就有pass（不要）的想法，那就尽量不要去碰触那些注定有"天花板"的行业。

一、售价天花板，价格受限制。很多行业是没有自主提价能力的，比如政府管制行业。自行车、低档手表、汽车、家电、手机、电话费等，价格涨幅都远低于30年通货膨胀的升幅。但传统产品若是能搞出新花样，玩出"互联网+"，结果或许会不一样，但研发成本也会是大投入。

二、容量天花板，规模受限制。例如黄金地段的百货公司和餐馆，毕竟容量就那么大，除非走上连锁和大规模扩张的道路，可复制、好复制是一个很重要的衡量标准。

三、产量天花板。简单来说就是油煤会挖光，金银会采光，只有人的创造性最为宝贵和恒久。

四、需求天花板。这分为两种情况：一种是本来就没有很大需求的，如2015年倒掉的各种上门服务（参见《创业公司的N种死法》之"伪需求"）；另一种是需求中断，这是最为致命的天花板，可称之为夕阳天花板。经济上的自然选择让新产品和新服务不断涌现，又让它们中的一大部分最终消亡，也让我们时时对高科技行业心存敬畏。

五、成长天花板，又可戏称为恐龙天花板。这一般是在企业发展到规模比较大时伴随大企业病同时发生的。

朱拥华认为，水饺行业的天花板是相对较高的。创意总会碰触天花板，任何产品在任何市场和环境下都会有好的idea，但创意不是时时刻刻都会在任何产品上迸发出来的。即便有好的创意，得不到好的执行也等于前功尽弃，好的创意加上好的执行，没遇到好的环境也还是无法突破重围。例如锤子手机，创意和营销都做得不错，无奈的是依旧被小米、华为等品牌压一头。

另外，前期的海饺七在北京有两家店铺，都是50～100平方米的面积，这是非常理智的一个做法。朱总毫不客气地说，现在的市场环境下，开大店就比较傻，**基本上超过150平方米的店铺就必须得有点"金刚钻"**，要不然不仅翻台率上不去，每年的客单价也会跟不上增长的房租和人工成本。

海饺七有好的一面，但问题也很明显。朱总表示，第一点，海饺七的社群模式是存在一定问题的，将调研体验一股脑地交给用户，自己做甩手掌柜肯定是不行的，其实用户还是希望你能直接给他们"独一份"的海鲜体验。第二点，狭窄的垂直海鲜水饺定位是有些限制海饺七发展的：首先，我们要理解餐饮消费包括的菜系、品种有几百上千种，而饺子只是其中的一种；此外，海饺本身可能会存在一定的局限性，例如很多城市的人可能不是特别爱吃饺子，尤其是海鲜水饺。所以一个融资项目满分是100分的话，海饺七可能只会拿到70分。

2. 你的品牌有辨识度吗？

  第二位创业者来自一个传统行业，他希望将这个传统项目进行互联网改造，能把传统小玫瑰做成互联网大产业。他们有原材料，也找到了技术合伙人，万事俱备，现在只欠资金。他就是天卉玫瑰的创始人任可欣，人不如其名，他其实是一位来自济南的山东大汉。

  小任说济南有"三宝"：泉水、阿胶和玫瑰。他的创业初衷跟上一位青岛小伙很像，就是以"本地人"的身份，利用家乡当地优势把它做大做强。

  以玫瑰为主要的原材料，经过现在的生物技术提取开发出来的女性时尚休闲食品和化妆品，内服外用，全面呵护女性的健康美肌，这就是天卉玫瑰的产品理念。

  小任有很大的野心，他说，接下来的天卉玫瑰，一方面将正式"进军"化妆品行业。八年的美即化妆品线下营销经验让任可欣积累

第 7 章
投资人来把脉：你的模式靠谱否？

了不少实战经验，他会考虑通过线上与各类女性社区App合作，融入已经具有一定潜力的O2O资源置换模式，用它们的包装广告去交换社区入口。另一方面，天卉玫瑰也会利用全国60%的传统玫瑰花茶市场的优势，专注于开发相关食品，如玫瑰阿胶等。所以"三宝有二"的任可欣对天卉玫瑰未来的发展非常有信心。

但突破市场的局限性绝对不是纸上谈兵，传统行业的弱点其实也是显而易见的，那就是不太重视品牌的推广。关于这一点，小任坦言，他们现在正在这块发力，通过联合几大艺术院校来"众筹"一个玫瑰仙子的卡通形象。玫瑰本身象征的是爱情，但它的保质期很短，既然如此，我们不如将它做成一种食品、一套化妆品，这样女性就可以一辈子都享受玫瑰的"爱"了。

朱拥华就天卉玫瑰的概念、品牌、团队三方面点评了它的运营模式。先说概念，朱总认为，天卉玫瑰所谓的"化妆品＋食品"模式是不可取的，因为这两个行业的竞争对手都极多无比，仅仅是化妆品市场就已经有40多家上市公司了，食品行业的水就更深了。正所谓鱼与熊掌不可兼得，初创公司首先要学会为自己的产业做减法。

再说说一个项目中朱拥华最看中的品牌推广，其实作为投资人，他往往会更关注你所在的行业中你正处于哪个端口，我们所说的端口分为上游[1]、中游[2]和下游[3]。显而易见，现在的天卉玫瑰还处于上游

---

[1] 指处在整个产业链的开始端，提供原材料、零部件制造和生产的行业。
[2] 介于某两种产业之间的行业。
[3] 主要是对原材料进行深加工和改性处理，并将原材料转化为生产和生活中的实际产品的行业。

12堂关键创业课：
99%的创业都死于不懂这些道理

阶段，对一个项目而言，与其说是在做市场，不如说是在打品牌，而在天卉玫瑰的品牌推广上，小任很明显地并没有太多独特的思路和想法，与其做些花拳绣腿的概念设计，还不如回归产品本身，从玫瑰的功效出发，做精做透，结果可能大不相同。

最后是老生常谈的团队问题。从团队上分析，虽说小任有着八年的化妆品线下工作经验，但若是在开拓线上渠道时没有一点差异化的东西，市场中与你类似的平行产品就一定很多，所以投资人不一定会选你，那么你个人的从业经验、资源就有可能被浪费掉。

基于以上这三点，如果满分以100分计，朱总最后给天卉玫瑰打出了60分勉强及格的成绩。

结合上面两个创业项目，朱拥华认为，一个项目要想打动投资人获得融资至少需要具备以下四个要素：

第一是团队。创业团队虽小，但一定要"五脏俱全"，优秀的创业团队成员应该是各有所长，大家结合在一起，相互补充，相得益彰。

第二是故事。参见《如何搞定你的投资人》篇章，此处不多赘述。

第三是执行。强大的知识结构、宽广的知识面以及满腔的创业激情是强大执行力的根基。

第四是品牌。作为创业者，是非常需要为自己的公司打造一个独特而且优秀的品牌的，这样才能让你的用户、消费者在市场中一眼认出你及你的品牌。简单来说，就是要拥有辨识度。

3. 不要进入"红海"行业

另一位创业者是来自新疆的小伙子胡辉，相对于前两位创业者，他的融资阶段更早期，目前只有一个idea。虽说他也曾在老家尝试过做流动式的早餐派送试水，但因为是身处四五线之外的小城市，效果实在差强人意。现在，他决定来北京寻求发展，并将用户群锁定在白领身上。

正所谓"一日之计在于晨"，早餐是一天当中最为重要的一餐，不仅要吃，更要吃好，于是胡辉推出了一款"搭配型早餐"，即一份早餐里同时涵盖了主食、蔬菜、肉类、水果等多种类别的食物，旨在让顾客吃得更健康、更优雅、更好看、更有生活态度。

其实这又是一个外卖"红海"项目。朱拥华表示，他个人是不太看好早餐外卖行业的，所以创始人一开口就注定了这个项目想从他的口袋里拿钱着实有些困难。

12堂关键创业课：
99%的创业都死于不懂这些道理 _114

回归到项目本身，胡辉认为，痛点在于在像北、上、广、深这样的一线城市里生活节奏紧张的上班族是需要一份方便快捷的早餐的。这没错，但朱总认为这份早餐的内容太过丰盛了，会给胡辉的供应链增加比较大的压力。另外，将在小城市运营的移动式配送方式直接拷贝到管理制度相对完善的大城市中，显然也是不可取的。

所以像胡辉这种没考虑好商业模式就准备启动项目，失败或碰壁是不可避免的。

机会是留给有准备的人的。想把握好和投资人见面的每一次机会，至少要有所准备：

正确的人。为什么你们是正确的？需要强调你的过往经验、团队、核心竞争能力，最好能表达出市场或消费者对于你的产品有着多么迫切的需求。

创新的产品。准备到了什么阶段？市场在哪儿，有多大？如何进一步增加用户数量？消费者通过哪些渠道可以了解到你的产品？每种渠道的成本是多少？市场营销怎么做，怎么执行？产品还没出来的话，至少这些你都应该已经想好或调研好。

展示相关数据。例如用户、市场、需求、订单等。

融资需求。计划融资多少、如何划分股份、你计划在多长时间内完成本轮融资。

与投资人交流需要提炼重点，信息准确。而文中三位创业者明显都没有做到。三位现场求融资的创始人带来的产品都是消费类领域产品，而这类产品真正的症结就是重复率极高，想另辟蹊径做出一番新名堂确实比较困难。但这也并不代表消费类产品再无痛点，关键在于

第7章
投资人来把脉：你的模式靠谱否？

如何放下诸多顾忌进行深度发掘，创意要独特，却也不能有悖常理。

对此，朱总给出的建议是：消费品肯定是"红海"，没有"蓝海"，因为消费是几千年的文化，你忽然搞出一个飞机面包或者啤酒可乐是肯定不行的，如果概念太新，消费者反而不会接受。大的传统品类的机会基本是没有了，比如老干妈，你再做同样的东西肯定是不行的。但你可以更加细分，创新不是为了创新而创新，而是为了抓住用户的痛点。所以一定是在这种大品类中做垂直，各种不同的细分领域垂直出自己的新产品，例如豆瓣酱、甜辣酱，这些或许还是有机会的。

所以创业者现场求融资，与投资人会面之前你需要确认好以下几点：

第一，肯定要有广阔的市场。这个市场可以是你发现的新领域，也可以是已经成形的市场，无论如何，投资者只可能选择能带来高额回报的市场。

第二，还是要看团队。你的团队必须是一支可以在激烈的竞争中勇往直前的队伍，具备良好的执行能力和合作精神，团队中各方面人才优势互补，并有着强烈的使命感想把业务做大做强。

第三，你的项目必须符合发展的某种潮流。即站在风口上，猪都会飞理论。你需要有一个清晰的定位，详细地阐述出为什么现在是你及你的项目发展的黄金时期。

能带领你的队伍走到最后的，一定是强有力的竞争力、差异化。你需要明确自身长远发展的竞争力，形成竞争优势，也就是说，你一定要比别人的执行力更强。

会面之后,创业者就应该坐以待毙吗?当然不是,会面后当天或者隔天,你可以选择发条信息、微信来表示感谢,或对你之前的某些观点做一定的补充。投资人的考虑周期一般在一个星期左右,如果时间已经超过了一个星期,这期间投资人并没有联络你,那么你就可以准备联系下一个投资人了。

任何一个项目的融资成功,并不能保证你的产品从此鹰击长空。同样,任何一个项目的融资失败,也并不意味着你的产品从此石沉大海。有很多创业者可能一辈子都不会或不敢跟投资者打交道,但大家千万不要忘记,社会与每个企业的发展都不可能避开"资本"二字。正所谓"勺饮不器盛沧海",创业者要学会的是如何跟资本打交道,如何借力资本占领发展高地。

即使在资本寒冬的市场中,依然有投资人跪求创业者的逆反局势出现,当然,形势一片大好时也依然有创业者求融资时处处碰壁。投资和求融资必须是一件理与智同时具备的事情,夹在"冰与火之歌"中的创业者们,如果给你们现场求融资的机会,你会怎么把握?

第8章
路演,其实可以很精彩!

◎ 你的路演为什么不精彩?

◎ 一公里路演——你的运动很值钱

◎ 如何提高路演的成功率

1. 你的路演为什么不精彩？

路演（road show），依字面意思是在马路上进行的演示活动。早期华尔街股票经纪人在兜售手中的债权时，为了说服别人，总要站在街头声嘶力竭地叫卖，路演一词由此而来。发展至今，路演已经不仅仅是发行新股而进行的推介活动。

现在路演的官方定义为，包含但不限于证券领域，在公共场所进行演说、演示产品、推介理念及向他人推广自己的公司、团体、产品、想法的一种方式。

如今，路演已被创投圈广泛采用，是创业者、创业项目集体展示的平台，是投资人和创业者相互认知的过程，成为创业者常用的一种寻求投资人的方式，其他方式还包括朋友引荐、第三方平台推荐、网上公开的投资人方式等。

不过，参加过路演的朋友总会有这样的抱怨：路演太无聊了，长篇累牍的表达让听者完全抓不住重点。听来听去，也不明白这款产品到底是干吗的，这个公司是干吗的。

创业者更为难：我真是拼尽了全力在路演啊。

路演不精彩，到底是表达问题，是状态问题，还是逻辑问题？有可能通过投资人的亲临指导让你的路演变得精彩吗？

对于很多人疑惑的"到底什么是路演，对创业者来说，路演到底意味着什么？"朴俊红认为，比较通俗的说法，路演就是创业者向投资人介绍自己的项目，形式上像演讲，但里面讲的主要内容跟创业项目相关。创业者需要在规定的时间内把自己的项目阐述清楚，把项目的亮点突出出来，以吸引投资人的注意，最终达到在路演结束之后能够和投资人深入交流的目的。

初创公司是不是一定要参加路演？不一定。如果创业者本身就拥有比较好的人脉和资源，能够帮助他对接到好的投资人的话，路演并非一定要参加。但是对绝大多数相对草根的创业者来讲，在有限的资源范围内可能很难找到优质的投资人，那么，路演就变成了一个相对开放的平台。只要你的项目足够好，你的团队足够棒，都有机会在这个平台上展示，并且接触到更多优秀的投资人。

现在我们拿一家创业公司"智坐标"为例子，说明路演时演讲人该注意些什么。

下面是路演的原音重现：

第 8 章
路演，其实可以很精彩！ _121

大家上午好，我是来自北京轩辕联公司的创始人李雨轩。今天我给大家带来一款车联网项目——车载智能与设定！我们的理念跟信仰就是，希望让驾驶变得更安全，让汽车变得更智能。在我们去做车联网这个项目的时候，我们首先问自己的一个问题是：对所有的驾驶员来讲，他们最重要的、最首要的需求是什么？毫无疑问，两个字——"安全"。可是即便如此，我们每天还是会发现这样的问题：很多人边开车边看微信；很多人开车的时候用手机听音乐；很多人开车的时候会用车载电话打电话，可当旁边坐着另外一个人，他又会放弃车载电话，把手机拿出来，进行不安全的驾驶；还有很多人会习惯于用手机导航，可是当电话进来的时候，导航就看不见了，于是在路口的时候就变得手忙脚乱，从而错过路口……这些人难道不知道在开车的时候使用手机很危险吗？当然知道，但他们又找不到更好的替代方案。所以今天我们的愿景就是让驾驶变得更安全，让汽车变得更智能。

如何更智能更安全地驾驶呢？我们将提供一个显示方案，一个交互方案，这就是我们的产品——一个车载抬头显示设备，您可以看到这是一块透明的屏，穿过这块屏，可以看到我本人。所以这个产品本身会放在挡风玻璃下面，当您阅读所有上面信息的时候，不需要低头，而且可以看到车窗后面的障碍物。与此同时，这里面是一个内置的安卓系统，同时，它还有一个OPT线路可以连接到车身的传感器信息。我们的所有的交互通过两种方式实现，一种是全程通过语音的方式，另一种是通过盲按遥控器完成。这是其中的一款遥控器，同时它可以上网实现所有的网络交互。

12堂关键创业课：
99%的创业都死于不懂这些道理 _122

　　我们有自己发明的拥有专利的屏幕，用于解决强光下的显示问题，还有散热问题。如何实现？我们将用一个全程可以通过语音和遥控器实现的安全的交互方式，同时我们把所有的界面进行了重构。重构的意思是我们针对开车习惯进行了高度体验，然后做出了一个适合行驶过程的界面。同时，我们将微信的文字转变成语音播放出来，即便当时旁边有人，只要摘下耳机变成隐私模式，就只有您能听到对方发来的信息，很好地保护了您的隐私。同时，我们具有网络导航功能，它可以帮您规避交通的拥堵，而当电话进来的时候，它仍然可以分屏显示，不会让您错过路口。我们还内置了广播电台功能，让您打开收音机，就可以收听节目，且没有广告。

　　其实今天我们做的所有事情，不仅仅是刚刚所描述的这些，那些只是车内行驶时的服务。我们是通过一道车载网络，加上安全的显示器交互方案，将车内网和车外网二者融合。车内网包括车身的信息、用户的驾驶数据及行为数据等，车外网则包括网络云服务、智能交互服务的整合等。我们的市场战略是：我们即将推出两个产品线，分别符合不同的市场人群，低端产品在800元到1000元，高端版本售价在2000元到2500元。简单介绍一下我自己，我是2009年毕业的，然后以管理层身份加入了高露洁，是高露洁全球电子商务的创始人，我在高露洁和美赞臣两家公司工作过，负责网络营销跟电子商务两部分。我从2001年开始做网站，大概做了十几年，光学背景，多次创业！

第 8 章
路演，其实可以很精彩！

从这段路演原音重现中，可以感觉到李雨轩比较擅长表达和演讲。李雨轩透露，这是由于学生时期曾在大大小小晚会中多次担任节目主持人。另外最重要的一点是，他还参加过很多培训，做了准备，并细心撰写了所有脚本，而且在开始之前反复彩排演练了十几遍。

朴俊红点评：

> 以前接触过好多智能硬件类项目，此类项目最主要的问题在于其使用场景还是存在局限性，另外，它还是只能提供比较有限的功能，这种情况下最大的问题是市场空间有多大，在这方面李雨轩没有讲得非常透。第二个就是关于竞争对手的问题，竞品的问题，当时我们在听这个项目的时候，印象当中他也提到了几个竞品，包括国外的竞品。总体来讲，他认为技术路线也好，产品的成熟度、效果也好，这些方面他都是有一定优势的，但是从投资人的角度来说，这些其实还不够。
>
> 竞争对手其实是分几个维度的：首先是直接竞争对手，其次是间接竞争对手，另外还有一个维度，就是潜在竞争对手，这几个维度是需要着重考量的。所谓的间接竞争对手，有可能现在市面上还没有这类产品，但是在规划当中，或者说有一定规模的机构，它也有一定的技术储备。潜在竞争对手方面，就是我们最常说的比较大的集团，比如我们常见的互联网公司，我们常常会问：如果BAT（百度、阿里巴巴、腾讯三大公司首字母缩写）做了会怎么样？在阐述竞争对手方面，突出一下这几点，会显得比较全面！总体来讲，他的表现很不错了，基本都覆盖到了，如果要优化的话，

12堂关键创业课：
99%的创业都死于不懂这些道理 _124

这两个方面需要加强。

路演不够精彩，通常是由以下几点造成的：

一、照本宣科。照着商业计划书或者之前写好的PPT念，没有做到"从听众出发"，堆砌大量专业术语和数据，没有学会通俗易懂、化繁就简。

二、逻辑不清。如果你讲不清楚商业模式、技术门槛、市场渠道等，有可能是表达问题，但更有可能是自己就没想明白。

三、没有激情。有激情有想法非常重要，你的情绪能直接带动听者的状态和投入程度。

四、不自信。相信自己，要自信但不是自大。

五、夸大其词。公司的发展状况、行业现状、产品、运营情况应秉承实事求是的态度，夸大、虚报或以为可以含糊带过，其实会给人不实在、不真诚的感觉。

六、情绪化、患得患失。保持一颗平常心去面对世俗纷扰，假若看到台下听众低头玩手机者众多，请继续，然后回去反思。

2. 一公里路演——你的运动很值钱

如果说传统的路演是静态的，那么时至今日，路演早已形式多样，千变万化。如果说在一个相对固定或封闭的场合，你都觉得驾驭路演有困难，那么"运动路演"这种新兴的对耐力、体力、表达的综合考验方式，将是对创业者一种全方位的考察。

如今是跑步全民化时代，"一公里路演"应运而生。创业者可以在和投资人一起跑步一公里这段时间来讲述项目，争取融资。如果你刚好是跑步爱好者，那恭喜你，找到了一个很好的和投资人接触的切入点；如果不是，一公里倒也不长，并肩跑步会拉近彼此之间的距离，也算有趣。

京东金融CEO陈生强曾表示，创业跑活动是生态圈落地的一种尝试。他认为，通过跑步达成投资意向只是表面，更深层次的是让创业者之间、创业者与投资机构之间形成一种有温度的社群关系。

12堂关键创业课：
99%的创业都死于不懂这些道理 _126

接下来我们以宜生到家为例。

在传统行业与互联网结合、O2O风起云涌之际，宜生到家创始人于飞在传统的按摩行业看到了新的发展机遇，从互联网行业搜狐娱乐到经营十年线下实体按摩店富侨，最后成功转型为上门按摩O2O平台——宜生到家。

于飞是这样讲述他参加"一公里路演"的感受的：

在一开跑时人会比较多，但当你跟着梯队跑一会儿，就会逐渐分出快慢。我刚好碰到了58赶集的联席董事长、现任瓜子二手车CEO的杨浩涌，我就抓住机会跟他聊，跟他介绍我的项目。其实跟普通路演是一样的，都需要在很短的时间内打动他。

一开场，我说杨总好，我是宜生到家的于飞，想跟您聊一会儿。他说好。一般情况下，投资人都会说好。第一步，我先介绍自己的公司。我说宜生到家是做上门推拿服务的O2O企业，我们现在是什么样的体量，谈A轮的时间，每天的日订单在1000多单，每天的流水在400万至500万元。然后我们提供一些什么样的服务，目前在北京、上海、深圳三个城市之间展开。之后包括每天营业的内容，中医推拿、小儿推拿、康复理疗……按跑步的节奏，通过数据介绍了宜生到家。

之前按摩"互联网+"是不太被看好的。杨浩涌就问我，你能做成多大的体量？我说，我们未来的目标是希望能够做成一个有30万线下技师的平台，每天几百万单的规模。起初杨浩涌不太相信，说怎么可能，他想象不出一个管30万人的公司是一个什么样的公司。

众所周知，要说创业中烧钱最快的行业肯定非O2O莫属。至于O2O模式的烧钱问题，于飞坦言，2015年的7、8月份，他们的确烧了很多的钱，一个月500万元左右，持续了三个月之久，险些支撑不住。经过冷静分析、调研后，于飞认为按摩还是存在一定价值的，起码用户的体验是非常好的。所以在9月份时，宜生到家做了一些用户充值推广，目的在于测试用户是否会真正为此买单。短短半个月的时间，大概有200万元的充值进账，这无疑给了于飞无限的信心和底气，以至于他当时就把自己的房产证拿出去抵押，借此维持宜生到家的运营。

直至今日，补贴还存在着，现在首单补贴68元，还是比较高的。每天有几百个新用户使用宜生到家的服务，同时订单里70%左右都是老用户贡献的，所以其实在技师端方面已经开始小步慢跑，赢利了。

边跑步边听，杨总又追问了几个问题：

第一点：不免费，用户还喜欢上门吗？

于飞：宜生到家从未完全免费过，最低时也是每单9.9元，而每个月实际应收到账已是千万级别了，实付比也从2015年的每单9.9元上升到今天的100元，而这期间用户并没有流失。

第二点：员工管理问题如何破解？上门准时性如何做到？

于飞：这是规模化和不规模化的问题。迟到不可避免，但我们在北京已有400多个技师，基本上会在最短时间内到达服务地点，迟到率在5%左右，但迟到时间不会特别长，所以还在可接受范围之内。管理

12堂关键创业课：
99%的创业都死于不懂这些道理 _128

方面，目前已经规模化，所以不是问题。

第三点：风投不看好，因为很难持续扩大并进行大规模复制，怎么突破这一行业天花板？

于飞：虽然现在只在北京、上海、深圳三个城市运营，但都具有较大的市场占有率。从成本角度核算，如果开一个门店，日单是2000单左右，每个月运营维护成本都要100多万元。但如果在线下开传统门店的话，为了获得2000单的日客单量前期需要投入的资金大概是1个亿，每个月的花销是1000万元左右，那就是每个月花1000万维护我2000单的接待能力，有着巨大的成本差。所以比起传统的门店规模复制方式，我对现行模式有信心。

于是，于飞得到了进一步和投资人面对面座谈的深入了解的机会，因为他用数据和多年的从业经验，在短短一公里的跑步过程中讲明白了：他是谁，他在做什么，做到了什么程度，接下来准备怎么做，将来可能做到多大……

再举一个餐饮行业的例子，这家公司叫"掌柜攻略"。

说到掌柜攻略与美食、餐厅类垂直媒体最大的不同，创始人叶峰涛认为，其他媒体的用户是消费者，而掌柜攻略针对的是商户。西贝、海底捞、黄太吉、有饭等知名企业都与他们有着密切的合作。

叶峰涛也参加了"一公里路演"，在整个过程中，小叶说他主要跟侯继勇（风云天使基金创始人）老师聊，为什么跟他聊？因为之前他们就认识，曾经都有过媒体从业的背景，有过一定接触，但不是特别熟。小叶觉得自己作为一个90后，跟他讲餐饮项目，他可能会对自己有一点质疑,可能会觉得你对这个行业不了解啊。所以小叶从擅长的媒体作为突破口,说他眼中的媒体未来会怎样云云。果然,侯继勇老师发现小叶对于媒体还是有一些独特想法的。

小叶是这样描述他参加"一公里路演"的感受的:

其实在我眼中,媒体分为三种类型。一种是线上型,比如说虎嗅之类的,它们是以"高逼格"的方式,是靠收取一些大的厂商的广告费用生存的,但是这种方式只能保证这个团队活得还行,却没有一个很大的发展空间,因为它没有进入到交易领域。第二种就是平行媒体,利用巨大的流量获取广告资源,像搜狐,虽也是门户巨头,但已经在走下坡路了,所以这个商业模式对很多中小创业者来讲,不具备可复制性。只有在很大的流量基础之上,才能够构建这种媒体商业模型。最后一种就是线下模式,以36氪为例,因为它精准对接了两部分群体,一部分叫投资人,一部分叫创业者,它在中间做一些业务,通过媒体给它进行导流,发展到后面,切入到交易、FA[①]、众筹等一些金融领域。

在我讲完以上这些之后,我总结说我想在餐饮行业中做一个类似36氪的商业模式。

边跑边聊中,侯继勇提出了自己的几点困惑:

第一点:媒体是靠广告赚钱的,除此之外,你还能依靠什么商业

---

① finance advisor,理财顾问,利用专业理财知识提供理财规划服务的专业人士。

12堂关键创业课：
99%的创业都死于不懂这些道理 _130

模式赚钱？

叶峰涛：我们做项目的时候，就考虑到传统媒体的赢利方式是通过广告的。但我认为未来的媒体会有新的商业机会，也就是说，你做的领域越垂直，跟行业接触越多，越能切入到交易链里，你的机会就越大。我们要做的就是影响餐饮商户端的资源，广告业务并不是主营业务，未来通过媒体入口进去之后，提供服务才是最主要的赢利方式。

第二点：掌柜攻略的定位是什么？

叶峰涛：媒体是流量的入口，是低成本获取用户的方式。传统的咨询公司、行业协会、整合宣传平台等，我觉得都不能准确地定义我们。掌柜攻略是一个"媒体+服务"的机构，它不是协会，却跟协会有合作关系；它也不是一个整合宣传平台，从一开始到现在，我们并没有写过一篇软文，没有发过一篇付费的稿子。

第三点：黄太吉有自己的外卖平台，并已聚集起了相当多的商家，怎么才能不让你的生意被这类平台型的企业抢走？

叶峰涛：这个类比还蛮有意思的，我们和他们是两个不同维度的创业，他们是体量相当大的一个公司，黄太吉更多是做外卖平台，做增量价值，但我们做得更多的是服务平台。一个会聚集很多第三方餐饮企业的平台，我们扮演更多的是一个撮合的角色。所以本质上，跟黄太吉是没有冲突的。

私下里叶峰涛还跟西贝的创始人贾国龙是很好的朋友，他们经常共同讨论餐饮行业的发展。贾国龙最早关注到掌柜攻略，是在机缘巧合之下发觉，像叶峰涛这类年轻人写的一些观点，是他们在传统领域没有接触过的。这主要归功于掌柜攻略经常会采访翻译一些国外餐饮的案例和趋势，这对贾国龙来讲是一个很大的思维启发。在不断的接触中，两家企业基本达成了共识，叶峰涛邀请贾国龙来为掌柜攻略做线下活动，以扩大影响力，借此吸引一些中小商户加盟。

2016年，掌柜攻略推出了全新的业务——勺子商学院，通过掌柜攻略输出一些观点和趋势性内容，通过商学院输出方法论，双管齐下。同时也计划开启"掌柜公社"，用社群模式聚集一些餐饮商户，这里面有供应商、餐饮大咖，也有一些中小餐饮的创业者。"掌柜公社"会定期推出一些活动或者课程，增强用户黏性。

高燃（风云天使基金联合创始人）认为，现在交流项目，面对千篇一律的阐述，投资人更多的感受是枯燥、乏味；而在跑步路演的过程中，边走边聊，边慢跑边聊，更容易放松彼此的心情，从而达到事半功倍的效果，有助于彼此更好的交流表达。而投资人往往也比较看中运动型创业者，如果创业者能在把工作照顾好的同时还能兼顾运动，强健体魄，一定程度上也会为你的项目加分。毕竟，创业本身就是一次长跑，没有一个好身体是很难坚持下去的。

当然，这并不意味着"运动白痴"就失去了与投资人交流的机会，因为对真正出类拔萃的项目来讲，投资人是不会因为路演的形式而将你拒之门外的。

目前，还有一种非常流行的路演方式叫：在线路演，亦称微信路

12堂关键创业课：
99%的创业都死于不懂这些道理

演或语音路演。通过群聊方式将传统路演放到线上，方便外地投资人或想投资的自然人参与。在线路演群里一般有一个人专门从事主持人的角色，引导创业者讲述，组织投资者提问。有创业者曾被连续轰炸三天三夜回答各种他觉得稀奇古怪的问题，但他是幸运的，最终通过线上路演众筹方式获得了600万元天使轮融资！但也有投资人对这种方式不看好，认为通过在线路演融资成功的可能性非常渺茫！

纵观现在的企业大咖，有很多能说善道的标杆，马云、李彦宏、董明珠、雷军、陈欧……相信创业初期，他们的路演应该也是非常精彩的。

乔布斯在2007年iPhone发布会的演讲直到今天还被誉为行业典范，乔帮主曾简单总结这场路演带给他的思考：

一、你的唯一性或第一性。

二、你在开始和结束时应该说什么？

三、你要说的事情最好只有三个重点或者更少，而不是四个或者更多。通常，在有限的时间中，听众的接受重点不会超过三个，切记，这是一个极限。

3. 如何提高路演的成功率

从2015年开始，"IP"一词点燃了整个投资界的燎原之火，由此带来的经济效应被称为开启了国内的"IP元年"。IP可以解读为一本书、一个故事、一部影视作品，而现在可能是一个人，"创始人IP化"将是未来创业者想要达到的一种状态，引用罗振宇在跨年演讲时的一句话："（IP）是能凭借自身吸引力挣脱那些单一平台束缚的内容。"其实像大家耳熟能详的乔布斯、马云、董明珠、陈欧、雷军等人，本身就是一个大"IP"，他们在自身垂直领域本来就十分优秀，并有刷新认知的结论和自身专长。他们就是将"创始人IP化"演绎到极致的典型。

这些大咖的成功是多维度因素造就的，但有一个共通之处，即非常善于表达。马云英语老师的出身使他不单是中文，即便是英文演讲都不在话下；陈欧的"我为自己代言"开创了全新的代言体；小米CEO雷军的"跑分"理论让很多消费者奉为衡量一部手机好坏的不二

12堂关键创业课：

99%的创业都死于不懂这些道理 _134

法则；锤子科技创始人罗永浩开创了相声式路演先河……

如果创业者实在不善言辞，可以通过训练来提升或改善。如何训练呢？关于这个问题，朴俊红认为，训练这个事情通常需要做到下面几点：首先做心理上的功课，你要先知道你的交流对象是谁，要了解他关心的问题是什么，在你训练自己的口才之前，重点要知道听者究竟想听什么，讲什么内容最容易打动对方。其次就是在你用语言表达的过程中，如何突出你的特点，突出你的风格。尤其是路演上的演讲，跟其他演讲形式的最大区别就是要讲项目，要用一个相对容易被人理解和认同的逻辑去打动对方。

路演十分钟，台下十年功。路演表达最核心的是阐明两点：讲解自己做的是什么东西；解释用户为什么会喜欢它。

创业者有时会感觉路演时间不够用，那么究竟哪些是必须要说的？朴俊红认为：首先是要把你的产品交代清楚，你是干什么的，否则后面无从谈起。其次就是商业模式，就是你怎么赚钱，尤其是互联网类项目，要讲清楚是否烧钱，怎么规模化复制。第三点是非常关键的一个部分，也是很多创业者在路演环节中会忽略的地方，就是介绍自己的团队。所有的事情都是人做出来的，如果你没有在有效的时间内把自己团队的核心优势突出出来的话，那么投资人也不会觉得你的团队和项目是不可错过的！

天生嘴拙，实在锻炼不出来怎么办？朴俊红说，那就找一个善说的合伙人，演讲场合让他上。

古希腊雄辩家德摩斯梯尼，天生口吃，为了成为一名出色的演说家，他付出了超出常人N倍的努力，进行了异常刻苦的学习和训练。

他最初的政治演说很不成功，由于发音不清，论证无力，多次被轰下讲坛。为了改进发音，他把小石子含在嘴里朗读，迎着大风和波涛讲话，最终成为古希腊最著名的政治演说家。所以当你在抱怨天赋时，可曾用心努力尝试改变？

如何在最短时间内给投资人留下最深刻的印象？

宜生到家创始人丁飞：在最短的时间内用一句话把自己的特点说出来，投资人听不听你后面十分钟的言论，取决于最开始的一分钟。

掌柜攻略创始人叶峰涛：我跟投资人说，餐饮人非常需要我们这样的服务，我觉得未来很有空间，其实把未来的空间讲清楚了，他是有进一步听下去的欲望的。

另外，路演结束并不意味着你必定成功或终将失败，与投资人交流的"战役"还在继续。如果投资人对你及你的项目很有兴趣，事后一定会主动联系你，这时你需要学会：

一、会后应与对方保持良好通畅的沟通；

二、若涉及估值融资金额等敏感问题，请选择一位靠谱的顾问，并交给专业顾问持续跟进。

真正成功的路演，一定是创业者焚膏继晷、苦心孤诣的成果。即使如今能言善辩的"演讲家"马云、李彦宏等，初出茅庐时或许也是菜鸟小白，今天的稚嫩是为了将来的持重。

路演，其实可以很精彩。

第9章
让用户一眼记住你的四大法则

◎ 给你的产品起个好名字

◎ 你的logo，应该成为永恒

◎ 你的核心营销语是否触动人心？

◎ 界面，其实就是顺应人性

1. 给你的产品起个好名字

看到被咬了一口的苹果，我们会想到苹果公司；看到一只小企鹅，我们会想到QQ；看到老人穿草裙跳肚皮舞，我们会想到脑白金……这是一个成功的产品形象带给我们的直观反应，即看到特定的图标、元素，会立刻联想到相关的品牌。一个产品想吸引消费者的注意，想被用户记住，需要强烈的"视觉印象力"。"视觉印象力"的概念取代了传统"视觉冲击力"一说，是因为传统的"视觉冲击力"更多强调的是对受众的感官刺激而非情感影响，而"视觉印象力"中好的"视觉印象"对消费者最终的购买行为将起到决定性作用，只有强化消费者的记忆以及消费者对产品的正面视觉印象，才能唤起消费者潜在的购买冲动。

沈博阳（美国职业社交网站Linkedin中国区总裁），毕业于美国

12 堂关键创业课：
99% 的创业都死于不懂这些道理 _140

加州大学洛杉矶分校，在硅谷工作六年，曾在雅虎、谷歌担任技术高管。回国之后，沈博阳先是在谷歌中国担任战略合作负责人，之后加入人人网，并且独挑大梁，开始公司内部创业，成功创办了糯米网。

在"千团大战"中，糯米网一直稳居中国团购市场的前三名。被百度收购之后，早已实现财务自由的沈博阳，加入了美国职业社交网站Linkedin出任中国区总裁，开始他所谓的第二次创业，推出了赤兔App。

沈博阳认为，产品的界面也好、名字也好，并不一定是决定性的因素，但是界面、名字是第一印象，所以还是非常重要的。比如糯米网，当初做团购，想到团购的目标人群，那肯定是以白领的女性为主，那白领女性喜欢什么？她喜欢吃，那可能"糯米"是一个非常好的名字，包括粉色也是针对她们的需求设计的。

而Linkedin新推出的职场社交App为什么选择"赤兔"这个名字呢？Linkedin的品牌定位是一个偏欧美的全球化品牌，从目标人群来讲，Linkedin更适合讲英语的、有海外公司背景的、有跨国公司背景的、从海外回来的且愿意和世界相连的人，在国内还不够接地气。而赤兔作为一个百分之百为中国打造的产品，在中国推广，更有针对性，更有趣。

打造品牌是一个多维概念，首先你得有个好名字，就像让别人记住你这个人，得先从记住你的名字开始。美国品牌专家菲利普·琼斯认为，品牌的附加值是以某种形式存在于它的名称之中的。一个好的名称便于消费者记忆，使人产生联想，引发好感，促进购买，同时还节约了传播费用。反之，一个不恰当的名字表达不好企业的主张，还会浪费很多传播费用，极大地影响消费者购买。正所谓"名正则言顺，名不正则言不顺"。前段时间，罗胖在60秒语音中表达"罗辑思维"这个名字不好，主要的流量被以"逻辑思维"为名的微信分流了不少，同时一字之差，每一次打名字都很麻烦，每增加一道进入门槛都可能会分流一部分受众。

起名字要考虑的问题千千万，毕竟现在产品同质化现象严重，在应用商店输入几个字，可能就会出现不少于5个同类型的App，简直是逼死"选择困难症"患者。如果你是百度、谷歌、阿里等公司旗下产品，自然不用发愁如何取名，百度地图、百度钱包、谷歌地图、阿里音乐……但如果你只是个普通的创业公司，那么可以参考以下几点：

一、可显示的名称尽量短。朗朗上口、便于记忆很重要。

二、如果App功能简单，那就以该功能作为名字。比如，做一个跑步App，那就以跑步、悦跑、乐跑、爱跑步……且容易出现在搜索结果中。

三、提交、显示在 App Store 的名字可以和显示名称不一样，这个名字可以长一点。名字后面可以附带一句很酷炫的描述来说明该App的核心功能与亮点，怎么吸引人怎么写。

四、产品为用户解决的核心问题可以用一句话来总结，而这句话最终可以浓缩为产品名。

五、用心做一个好图标有时比名字更重要。用图形化的方式把产品"说"出来，也算是一种微创新。

要么直白明了告知产品用途："约摩"——约个按摩；"淘

12堂关键创业课：
99%的创业都死于不懂这些道理 _142

宝"——上网淘宝贝；"天天动听"——每天精选最动听的音乐……要么针对用户群，投其所好，也可以选择音译，如可口可乐、星巴克、耐克、哈根达斯……也可以选择剑走偏锋，就是让人想不明白这个品牌是啥，这样的有"π""欧米茄"等，就是利用用户的好奇心，但前提是这个名字能引起好奇。当然，无论什么方法，最终目的都是让用户记住，你的名字必须像一块磁铁，用来吸引客户下载和购买。

心跳App的创始人钟甄是个挺厉害的美女，毕业于斯坦福大学，曾在华为、腾讯工作。她说自己在互联网领域从业超过十年，作为一个社交领域的连续创业者，她开发心跳这个App是希望能够帮助用户在大数据时代更加精确地找到自己喜欢的东西。之所以叫"心跳"是因为这个App会给人带来惊喜。

钟甄做过一个调查，第一次听到心跳这个名字，基本上70%到80%的男性认为跟约会、暧昧、妹子有关，但是女性如此理解的只有约50%，因为女性会认为心跳是一个中性词。钟甄说，这个名字还有一个含义是惊喜，比如看到壮丽的景色或者你喜爱的事物后的反应。其实她希望女生看到这个名字想到的是社交，而男生想到的更加罗曼蒂克一点。这样看来，调查的结果也符合钟甄的预期。

但就像前文提到过的App名字同质化现象严重一样，沈博阳表示，作为一个社交软件，"心跳"这个名字虽好，但在应用商店进行搜索时，排名第一的却是测量心跳的工具。所以说，起名时不光要追求贴切入耳，还应该考虑是不是有别的应用排名比你靠前。

如今的移动互联网市场像打了肾上腺素，兴奋异常，而钟甄所选择的社交行业则是其中一片看似无限美好的广袤天地。相对来讲，社交创业的门槛比较低，但要想把它做好，其实是非常非常困难的。因为你必须解决这么几个问题：**第一，怎样去获取用户。第二，怎样把用户粘住。第三，如何商业化运作。**而第一步第二步尤其重要。所以说，一个成功的社交类应用，不仅需要在上线之初一炮走红，更需要在后期紧密跟上用户的喜好变化，及时对产品进行调整。

作为一个社交App，"心跳"最大的难题就是怎样给用户一个非常好的第一印象。因为在如今这个各类App层出不穷、"狂轰滥炸"的年代，用户对一个App的耐心是有限的。所以给用户一个深刻的第一印象，甚至在短短一分钟内让用户马上明白这个App的功能，才是像"心跳"这样的社交App最需要解决的问题。

关于这点，钟甄坦言，"心跳"有非常清晰的用户群，那就是90后、95前的一线城市女性新白领。显而易见，这是非常窄众的用户群，但也是一个非常年轻、荷尔蒙高度旺盛的用户群。她们可能刚刚走出校园，步入职场，可能刚刚从别的地方来到北京、上海这样的一线城市，可能刚刚远离之前的亲朋好友，又迫切地需要认识新的朋友，有非常大的职业压力。所以钟甄认为，她们一定是所有人群里对陌生人社交和网络社交有最高需求和最高活跃度的一个人群。

还有一个问题，那就是"心跳"为什么单单锁定女性用户而不是男性以及所有90后呢？钟甄认为，现在大部分的陌生人社交应用，创始人都是男性，比如腾讯CEO马化腾、陌陌CEO唐岩等。这样会有一个弊端，那就是很容易从男性的需求、考虑出发，而忽略了女性的社交诉求。所以钟甄所带领的团队将站在女性的立场上服务女性用户，让女性用户在这里有更多的留存，保持长久的活跃，从而使"心跳"的平台有差异化。

沈博阳表示，无论是名字、logo，还是界面整体设计，"心跳"都做得不错。一个社交应用，最难的不是界面，而是应用背后的算法，到底什么样的算法，才能把用户准确地与应用相匹配，这才是重中之重，也是需要不断改进和完善的。另外一个问题，也是任何一款社交应用都要思考的，那就是**你满足的是什么需求**。最后一个问题就是：**同样的需求，有没有其他的更成熟的App已经满足了**。沈博阳表示，未来的"心跳"可能需要更关注这一点。

2. 你的 logo，应该成为永恒

  有了名字，再来考虑一下logo。主打色和图案是logo设计的两个主要方面，所以一旦确立了设计理念，就要选择最好的样子呈现给客户。那么如何以最简方式表现你的品牌？你必须从公司的身份开始思考，从而定义公司精华的理念。这个阶段是一个中间点，用以确定这个理念是否沿着正确的轨道进行。

  星巴克在出品App的时候，第一款图标就非常不起眼，图标上东西很多不说，还无法一眼看出这是星巴克的图标。在重新设计之后自然就好了不少。其实很多人都会为图标上到底以名字为主还是以标志为主这点纠结。毕竟图标是放在移动端的，大小会有局限。

  这个问题说到底还是取决于产品自身，像星巴克这种名字长而图标本身就已经具有代表性和特色的，自然不用做过多考虑。品牌需要进化，但必须要延续你的企业精神。CSA（Carbone Smolan事务所）创

> 12堂关键创业课：
> 99%的创业都死于不懂这些道理　_146

始人卡蓬（Carbone）曾表示：企业基本的信条和理念必须完整无缺。只有当社会文化和客户品味发生改变时，你的品牌logo才需要考虑改变。真实可靠也是品牌成功的一大关键因素。

其实logo的定位也不是一定要创造出另类的、与众不同的视觉形象，而是可以考虑如何将受众脑海中早已存在的观念与视觉元素连接到一起，从而确定视觉传达的战略与战术。在2013年天猫商城创立之初，他们曾用两个月的时间在全球进行logo筛选，最后令人哭笑不得的结果便是这只酷似马云化身，"眼睛大、头大、身子小"的黑猫。

天猫的logo是黑白相间的，寓意则是引用网友的一句话："不管白猫、黑猫，能服务好消费者的，都是好猫。"而这个"萌翻"一众网友的设计灵感来源是当时人民币上火极一时的跪拜猫。所以这也印证了阿里巴巴集团副总裁王帅说的话："这就是互联网，你想它是什么，它就是什么，只要你喜欢！"

而"心跳"的logo则是一个不规则的胖胖的心形，很简洁，也和名字相扣。至于选择胖心而不是瘦心，钟甄说，这是为了适应女孩子喜欢萌物的心理。同时为了体现女性、友好这样的概念，主题色选择的是相对中性的温暖的西瓜红。她说，西瓜红亮度比较高，饱和度比较低，温暖又不尖锐。红酒的红偏深色、偏成熟，而玫瑰红的话会更浪漫，就是更女性，而"心跳"想要的是更加年轻明快的。避免粉色是为了让男生也可以用，看起来不娘。

新浪微博的logo则选择用红色和黑色来做基调，采用神似人的眼睛的黑色填充椭圆为核心元素，椭圆形的内框中是黑色的眼球，具有统一性。两个红色的爱心组合在一起，从视觉上更吸引人，两条橘黄色的半弧线则代表着向外传递信息的含义。

著名家居卖场宜家家居则选用蓝色和黄色作为logo的主色调，而蓝色和黄色其实是瑞典国旗的颜色。另外比较有趣的是，IKEA中I和K两个字母取自创始人Ingvar Kamprad的名字。而后面跟着的E和A分别是这位瑞典人出生的农场和村庄的第一个字母。在瑞典，自然和家庭是人们的生活中不可或缺的一部分。所以描述瑞典家居风格最好的方式之一就是描述自然——充满阳光和新鲜的空气，又不失内敛与本真。

避免颜色的指向性可以帮助扩大用户群。沈博阳认为，**App标志最安全的颜色，一个是蓝色，其次是绿色。**比较典型的像微信、赤兔是绿色，百度、支付宝是蓝色。logo设计大师瑞安·尼科尔斯（Ryan Nichols）也曾说过：颜色是任何设计的关键环节之一，每种颜色给人的心理和印象可以极大地变更一款设计的信息和整体吸引力。随着标志设计与呈现关键值的联系越来越密切，颜色的选择也越来越重要。

微信从logo设计上看，采用的是一左一右的两个卡通化的对话图标，生动形象地解析了软件的基本功能，即一问一答的交流沟通方式。同时，绿色的背景色填充效果，让整个微信标志醒目而与众不同，也侧面向用户传达了微信设立的初衷理念：便捷、时尚、免费。而2015年年终App价值榜，MAU（月活跃用户人数）6.9亿、DAU（日活跃用户人数）4.9亿的超高活跃数据，更是为微信已无法轻易撼动的聊天应用"霸主"地位注入了一管有力的强心剂。

再比如，创业项目约摩App的图标，选择的主题色就是蓝绿结合色。约摩创始人刘峰说这个颜色是反复调出来的。之所以选择这个颜色是因为他认为它比较轻松，也和平台比较搭，因为约摩解决的是人们亚健康的问题，这个颜色能够给人带来放松的感觉。

刘峰说，从人大MBA毕业之后赶上了移动互联网的大潮，他觉得自己应该做点事情，做自己喜欢的事情，所以选择了亚健康这个方向。为了解决亚健康的问题，创立了约摩，专门做上门理疗。

约摩的图标也和名字一样比较直白，两只手组成的M，下面还有一条代表背的弧线，既和产品内容相关，也和产品内容紧密相连。这个图标可能会让人产生一些奇怪的联想，但从另一个角度讲，logo能**让用户产生一些联想，有利于增加用户对产品的兴趣**。正如设计师戴维·特纳（David Turner）所言：标志设计应尽量避免迎合、跟随潮流趋势，应当使其成为永恒的设计，在今天或未来几年都能够呈现棒极了、不过时的状态。

3. 你的核心营销语是否触动人心？

与logo和名字不同的是，约摩的产品标语没有选择直白路线，而是说"让我们生活轻松一下"。"心跳"其实也类似，没有说帮你找朋友，而是说"我可以不孤独"。

面对为什么不把宣传标语定为非常直白的类似"按摩哪家强"的质疑，刘峰的解释是，这是为了表达让大家真正关注自己的身体、让大家的身体轻松下来这一层意思。不过沈博阳倒是认为，**在创业早期的时候，尽量要做到所见即所得，当用户看到标语，甚至看到名字的时候，就知道你的产品是做什么的。**

全球快餐市场知名品牌"肯德基"，刚开始做炸鸡的时候就叫"炸鸡专家"，一目了然，但是现在是"生活如此多娇"等，是一些偏心理情感上的东西，这反映了营销策略的变化。

家喻户晓的矿泉水品牌农夫山泉，依靠的则是"农夫山泉，有点

12堂关键创业课：
99%的创业都死于不懂这些道理 _150

甜"这句简单得不能再简单的广告语，这也是人们对农夫山泉的最初记忆点。这句话为其赢得了大部分的瓶装水市场，象征品质的"甜"字则成了其品牌价值的集中体现。而如今的"我们不生产水，我们只是大自然的搬运工"，其实同样是一种心理暗示。所以在产品的初期，直接是比较好的选择，比如"解决亚健康，按摩"。

产品标语也是产品的名片之一。通常需要做到简洁、朗朗上口。

"味道好极了"是人们很熟悉一句广告语，它来自雀巢咖啡。这句话简单而又意味深远，朗朗上口，因为是发自内心的感受可以脱口而出。后来雀巢以重金在全球征集新广告语时，发现没有一句比这句话更经典，所以就永久地保留了它。

很多为人牢记的标语都是跟着广告应运而生的，比如聚美优品的"我为自己代言"，脑白金的"今年过节不收礼，收礼只收脑白金"，M&M的"快到碗里来"，益达口香糖的"嘿，你的益达。不，是你的益达"。配合着广告，宣传标语更容易被人们记住，虽然你觉得有的标语很搞笑或者很低端，但不可否认的是，被人们成功记住的标语，在一定程度上就是成功的。

火爆一时的"Six God"——六神花露水，就将营销广告理念做到了极致。悠久的历史情怀与现代的微电影时代相碰撞，又结合了当下最热的网络流行元素和平民化基调。那个夏天，一部《花露水的前世今生》的动画"病毒"片赚足了消费者的"情怀"心理。

"钻石恒久远，一颗永流传"则是丰富的内涵和优美的语句结合体的典范，不仅道出了戴比尔斯钻石的真正价值，而且也从另一个层面把爱情的价值提升到足够的高度，使人们很容易把钻石与爱情联系起来，这的确是最美妙的感觉，也是相当聪明的做法。

同样的道理，还有近年的广告"新秀"绿箭口香糖的"交个朋友吧"。这个创意其实源自一名普通的部门经理，他认为香烟之所以在中国畅销，就是因为香烟不仅具有吸食功能，还具有交际功能。初次见面时难免尴尬，这时递一根烟，感觉就亲近多了。所以绿箭口香糖要想畅销，必须开发它的社交功能。比如说，一个男孩子看到一个女孩子想搭讪，他该怎么办呢？这时，他可以递一块绿箭口香糖给女孩，并说一句"交个朋友吧"。所以绿箭不仅要成为清新口气的糖果，还要像香烟一样成为"社交媒介、搭讪神器"。于是，这样一句只有五个字的简单广告词，为绿箭公司带来了近15个亿的销售额和91%的市场份额。

在豆瓣未及转身之前，发展势头劲猛的同类型应用当属2013年完全开放的App"知乎"了。"与世界分享你的知识、经验和见解"是知乎打出的口号。诚然，目前已拥有400多万用户的知乎确实非常成功，而且巧妙地抓住了人性中的一个优点：分享。而知乎恰好提供了这么一个高质量的分享平台，满足了人的最高层次的两个需求：尊重（社会承认）和自我实现。

传递美好概念通常要比传递世俗概念更容易。这不是个例，美国广告大师威廉·伯恩巴克认为，要将广告策略的重心放到研究消费者心理上，通过独具特色的广告创意，吸引观众、激发观众的兴趣与购买欲望。蔡康永也提到过，自己所写的一些美好、正面的鸡汤微博的转发量，远远大于他揭露人们内心、社会、市井一面的微博转发量。放在产品标语中，道理是一样的。

4. 界面，其实就是顺应人性

心跳和约摩两个App的界面都追随了自己的主题色。这是大多数App界面的做法，目的是风格统一。

心跳的页面不同于其他社交App的一点是，它不是列表类型的，而是一个卡片式的设计。钟甄说，在做了大量的研究之后，她发现滑动设计是最有助于用户体验的。操作起来方便快捷，而且比较有趣，尤其对目标用户也就是90后互联网原住民而言，操作容易上手很重要。

她还说，1.0版本是卡片式的，2.0改成列表式，现在3.0又改回卡片式，就是通过数据研究发现，当列表不能够左滑右滑的时候，对用户活跃度有非常大的影响，所以心跳更加坚定了卡片方式。

相较列表式，卡片式的好处是，可以在一个用户的页面里呈现更多个人信息，而不仅是头像。在这个看脸的社会，有时候社交需要用

第 9 章
让用户一眼记住你的四大法则_153

一些强制手段让用户看除了头像以外的信息。不管是微信摇一摇还是漂流瓶什么的，我们更多的是从头像去选择交流对象。而卡片式则给了用户通过爱好去选择的机会。

这种做法实际上是让用户体验更加个性化、人性化。像今年UC浏览器在推出新版本时，强调的理念是"给的再多，不如懂我"。另外像新浪微博中的推荐微博，也是根据用户平常的浏览分析，发博内容的分析进行的。大数据时代，个性化用户体验是趋势，而且会越来越让用户觉得，这个产品是为我量身定做的。迎合用户，突出差异化优势，是社交产品未来的导向。比如你喜欢红酒，而平台推给你的用户也是喜欢红酒的，对用户来讲，就是贴心的。但是愿意花力气做匹配的公司的确得非常有勇气，因为当你的用户量从零开始起来的时候，有可能很难完成匹配。

阿里巴巴之所以成功，很大一部分的原因是它将用户的界面体验舒适度放在了首位。作为一个用户体验设计师，当你在一个项目设计中，即使每个界面都设计得近乎完美，但最终都可能会因时间较急而没能对每张卡片细节进行完整设计而被吐槽。因为用户不会知道这些，不会理解各种限制的苦衷，他们只看最终的结果。

另一个关键点在于，即使出错，也要表达清楚你的态度和原因。不论是在什么交互设计中，都要考虑到一点：如果交互考虑得不全面，设计得不周到，就难免出现难懂的情况，用户知道产品出错了，但可能不知道为何出错，如何解决。这些错误既然已经发生，那就应该真诚地解释清楚错误，引导用户进行解决，甚至考虑一些趣味、情感化的手段，减轻用户因此产生的烦闷情绪，比如360、UC浏览器断网时的趣味动画、语言等。另外，也需要关注真实的数据效果，发现用户情感落差。在有条件的情况下尽量"基于真实数据做设计"，而不是填一些理想的虚拟数据导致潜在问题被掩盖。

所以，在界面的设计中善良比聪明更重要。很多优秀的设计多多少少也是作者价值观追求的体现。能否在自己的设计思考与表达中创造更美好、更人性化的用户体验，才是一个产品能否成功的关键。

苹果公司设计师兼资深副总裁乔纳森·伊夫曾在苹果iOS7宣传片中提到：真正的简洁不是删繁就简，而是在纷繁中建立秩序。现在App页面的风格通常是简洁明了，像约摩这种生活类App，是帮用户解决问题的，目的性要非常明确。把按摩师的类别，比如足底按摩、中医按摩等，直观地呈现给客户。

说到这里，不如分享一下网易云音乐的界面设计"改革"之路。与众不同的WP风格设计，决定了云音乐在现有平台上找不到任何可以直接复制的设计。不过，也正因为从"一无所有"开始，设计师才能真正做到放下"破坏用户已有习惯"的思想包袱，重新审视这些年积累的经验与教训，从而做出一次大胆的尝试。

一是将一级导航精简到四个，不同用户都可以快速切入主题，运营内容和社交元素都得到了恰当的展现，入口设计减少加载，保证首页全景图横向浏览过程中的流畅体验。二是减少迷失感，重新规划导航优先级，以便使更重要的内容容易在第一时间被发现。在设计上讲究横向浏览过程中页面布局的变化，用户可通过视觉辅助确认自己当前所在模块。三是利用平台特性，让信息更扁平。将信息与操作分离得更彻底，除了与歌曲列表关系紧密的播放、下载，其他操作都放置在应用栏，不再让用户满屏地探索，使交互更加可预期。四是扁平不等于平庸。设计过程中对色彩、间距、字号的精益求精，开发过程中的百余次微调，对设计师和开发人员都是极大的考验。

除此之外，沈博阳还提出了一点需要创业者注意，**在界面设计时要考虑小白用户**。所谓小白用户，就是第一次进到一个陌生环境的用户。比如约摩，用户第一反应是想知道这个App提供的按摩服务有多安全，性价比怎么样。一个用户的业务和行业的综合知识，在设计一个界面的过程中会起到十分关键的作用，所以这些信息需要反映得更清楚。

一个App的首页一定要为用户提供最方便、直观的功能。比如淘宝，一进入就是商品分类、商品搜索、促销广告；去哪儿网就是机票车票预订和票务打折信息、当季旅游信息；而爱奇艺就是视频分类、导航、用户中心。这就是产品的主打功能，也是首页上最应该显示的功能。

面对激烈的市场竞争和产品同质化、硬件同质化的大环境，很多企业的产品可能会销售不畅，企业市场地位无法树立。图片社交App"Momunt"创始人曾在创界网分享过他在开拓App市场时遭到失败的五个教训：

一是过于注重形式而忽视了内容。这对投资人来讲是一件很头疼的事情。因为现在很多App开发商会花大把的时间来研究App的设计，但内容大同小异。

二是过于追风而缺乏新意。说难听一点就是山寨。虽然可能会换来一时的火爆，实际上却是加速了自己的死亡。真正能够占据手机应用市场的始终是BAT开发的那些应用，而那些盲目跟风的App的平均生命周期不会超过一年。

三是盲目追求数量而忽视质量。如果那种通过简单的转码快速生成App的方式，就可以生产出满足需求的App，那么我们何必花钱去体验那些高质量的App呢？而且这种低质App中往往会有大量广告和无用信息的堆砌。这种方式不仅不能带给用户更好的体验，还会对自身发展造成严重的影响。

四是市场饱和，推广困难。越来越多的产品聚焦于实体的产品上。创业者如果能够认识到这一点，就应该明确要如何专业化和细化自己的App。与此同时，App的推广很重要，不然后期的运营只会陷入泥淖。当然，推广也是讲究方法的，尤其是在当下兼并和竞争共存的时代，怎么做才能走得更远，创业者需要擦亮自己的眼睛。

最后一点，就是**创业者本身对App的影响**。很多App的开发商之前都没有进行认真的调研，也没有深入的思考，仅仅是随大流。App的开发和推广需要考虑很多方面的问题，比如团队、资金、推广等，不管是哪一项，都是需要周密计划的。

综合上面所谈到的一些因素，我们可以看出，一款好的应用、产品，要想在如今的创业市场脱颖而出，除了产品自身的内容质量要好之外，名字、logo、界面以及营销方案都是必不可少的关键因素。与所有的创业项目一样，只有有价值的内容和体验，才可以指导创业者朝着正确的目标努力。

总而言之，产品内容的显示还是要有所取舍。任何风格、规范只是辅助达到目的的方法，它们的最终目的都是让用户更快地得其所需。因此不论什么产品，想法、创意都可以带来用户群，不论是内容上的大胆突破，还是关注到某一细分领域，用户体验才是留住用户群的关键。所以，你的产品具有这些被人一眼记住的要素吗？

第10章
营销无时无处不在

◎ 如何让软文的营销效果最大化？

◎ 最高明的营销是"自来水"自发传播

◎ 不能成为网红的创业者不是好创始人

1. 如何让软文的营销效果最大化？

2014年4月，一篇《我为什么要辞职卖肉夹馍》的文章刷遍朋友圈，一时风头无两，西少爷的品牌爆点就此引燃。同一时间，大量媒体不吝溢美之词纷纷报道，称这是一次非常成功的互联网思维营销。而这一切的幕后操盘手，西少爷肉夹馍联合创始人之一的袁泽陆，一个80后挺白微胖的新晋奶爸憨笑着说："其实，我们也没想到……"

西少爷的突然走红让几个创始人始料未及，一夜爆红带来超高关注度的同时自然也带来了很多质疑，认为他们是花钱雇了"水军"转发造的势。小袁坦言，当时西少爷的微信公众账号上也就只有50多个粉丝，并且全是好朋友，相当于这场"营销大战"其实是由这50多个朋友作为传播源头开启的。

事后，小袁和他的团队也反思总结过，这篇文章为什么能够这么火，传得这么开？他们认为原因是他们的故事在互联网圈或者说创业

12堂关键创业课：
99%的创业都死于不懂这些道理 _162

圈中具有代表性：

第一，小袁等人几乎都是从百度、腾讯等知名大企业辞职出来自立门户的，这能引起一大批创业者的共鸣。

第二，互联网人群本身即为网络意见领袖，普遍活跃于网络之上，其影响力自然不言而喻。

拿校友圈举例，小袁三人皆毕业于西安交通大学，这篇文章通过第一批50多个粉丝的传播进入校友圈后，名校本身的影响力自是不同凡响，文章很快发酵并开始逐渐扩散。从2014年4月6号推送文章，到4月8号西少爷开业的时候，转发量就有20多万，一个月后便超过了100多万。

软文，是备受创业公司青睐的营销利器。好处一目了然，像西少爷就借助这样一篇文章达到了品牌传播的最大化，几乎是零成本，而且范围广、口碑好。然而，在现在近千万的微信公众号中，想备受关注并不容易，往往你发一篇文章，瞬间就会被淹没在浩渺的文章海中。但是，这并不影响网络软文已成为众多企业进行品牌网络推广的重要方式之一。

一般而言，**一个完整的事件传播大致可以分为引爆阶段、高潮阶段、尾声阶段，每个阶段都需要合适的媒介组合进行支撑，常见的传播媒体一般有论坛、微博、微信自媒体、门户媒体、电视媒体、纸媒等多个渠道**。这些媒体特点各有不同，成本价格也有所区别，一线自媒体人的商业软文一篇几十万元甚至更高的都有。就连一些刚入行没几年的小记者，可能微信号也就几千粉丝，也敢叫出五位数的价格。

铺天盖地的稿子撒在网上，究竟哪些文章有效果，什么类型的文章效果好，相信很多人都是一头雾水，不是很清楚。

其实这事谁都无法保证，但成就一篇"10万+"文章的方式之一就是发在有百万级订阅用户的公众号上……

综合来讲，什么样的软文才有可能吸引更多人关注呢？

一、提问式。

提问式的核心当然是提出一个问题，这个问题要能引起普遍的关注，即激发人们的好奇心。"我为什么要辞职卖肉夹馍"就很典型，通过问题引起读者的兴趣，然后在内容中明确做出回答，巧妙植入品牌信息。

二、故事式。

通过讲一个完整的故事带出企业产品，让消费者有好奇心去了解产品，然后将关注度转化成销售。现在企业还流行拍视频短片来讲故事，讲故事不是目的，通过故事介绍产品、传达价值观才是关键。

三、情感式。

情感式就是赢得共鸣，走进你的内心。所以"情感营销"一直是软文营销百试不爽的"撒手锏"，要想达到最好的效果，就要弄清楚你的消费群体最关心的是什么，力争在细分市场中触动他们内心深处最柔软的地方。

四、事件式。

想获得高关注度就要紧跟热点，在这个人人博头条的时代，想让习惯碎片化信息的读者高度聚焦，除了快之外，角度还得独特，且事件本身必须是真实的，可以是自然形成的，也可以特意制造出来。

12 堂关键创业课：
99% 的创业都死于不懂这些道理 _164

初战告捷，成功的喜悦自是不言而喻。在第一篇微信推送文章大获成功后，小袁及西少爷的其他创始人不是没想过再接再厉，借着这股"东风"再创辉煌，但随着"头脑风暴"的热度渐渐冷却，团队小伙伴普遍认为营销预期已经达到，已处于天花板阶段了。

因为一个品牌的创立初始，它的任何一次营销行为，最关键的就是要新鲜。通过第一篇文章，西少爷已经达到了较高的品牌势能，因此这时候应该把重心放在如何利用这个势能进行商业转化上。

这时的西少爷早已不满足只单一卖肉夹馍了，而是将更多目光放在了一系列的快餐、套餐上。小袁说，最开始西少爷通过一个故事营销的广泛传播打响了知名度，那么现在需要的是强调产品的品质，丰富、改造产品线。

其实在西少爷成立之初，小袁曾纠结于在微信平台上到底是注册订阅号还是服务号，因为当时的服务号一个月只能发一次，从2015年4月才开始一个月可以发四次。小袁和团队的小伙伴最终都觉得营销最重要，但营销的核心是一定要把关注点着重放在产品、服务、消费体验上，所以他们最后选择注册服务号。现如今的订阅号很多，且大同小异，每天都发一些感慨、感悟、创业经验分享云云，而作为一开始就将西少爷定位为国际大品牌的小袁团队，并不希望过多地打扰顾客。他们觉得顾客跟企业之间建立的关系应该非常简单，只要消费者觉得产品实在，进店舒服，那就OK了。

类似西少爷这种因为一篇文章而走红互联网圈的并不是首例，当然也不会是最后一例。之前也有北京大学毕业生卖猪肉等火爆一时的文章，但往往只是一阵风就过去了，而西少爷肉夹馍这一案例，时至今日还被沿用。

为什么"我为什么辞职去……"成为风靡一时的软文书写体，一直为人津津乐道呢？李欣（抱团创投合伙人）认为：首先，西少爷肉夹馍是非常成熟的品牌，并不是说写一篇文章在营销中成为一个什么体就能成功，最重要的是它有实实在在的产品——肉夹馍。最后，西少爷本身作为一个品牌，树立起来之后，还传达了一些有关创业、坚持和梦想的理念，并将这一切通过一篇文章写入了人们的头脑里。围绕着这样一个核心，再展开它接下来的一系列营销，就很容易被人们记住，并且具有持续性。

那么，为什么有的营销能被记住，有的就成为过眼云烟？这是因为，品牌营销还是需要具备一些能力的，简称营销力！

第一，执行力。

一个好的主意，能不能快速被实现、变现，执行力是关键，且执行力是成就任何事情的关键。

第二，创新思维。

有趣、有意思、有回味、容易被人记住……切记，千万别平淡。

第三，亲民态度。

有时候接地气地与消费者互动，或者放低姿态承认一些不准确的小错误，可能会有利于增加黏性用户。

第四，学习能力。

新广告、新玩法每天频出，都需要创业者们去学习、模仿，同时也需要创新。

12堂关键创业课：
99%的创业都死于不懂这些道理

第五，分析能力。

有了大数据之后，品牌营销的反馈更加快速直接。搜索引擎搜索结果有多少，网站的流量怎样，关键词的排名提升到了第几，新增用户数……对这些关键数据进行详细分析，做到心中有数，再开展下一步工作，比起盲目推进更有效果。

第六，参与感。

使消费者产生感同身受的参与感至关重要，使他们产生共鸣是最高境界。

人生没有彩排，每一天都是现场直播。虽然无心策划第二场反响空前的营销活动，但2015年11月一篇《西少爷肉夹馍闹拆伙：创始人斥合伙人涉嫌诈骗》的文章火速在互联网传开，创始人之一宋鑫写公开信斥责CEO孟兵赖账跑路，接着联合创始人孟兵和罗高景回应称这是污蔑和诽谤。最后，这场闹战以宋鑫"分家"，独自成立新品牌谢幕。

对此很多人提出质疑，这是不是一场精心策划的炒作？小袁苦笑道："真是有苦说不出啊。这件事原本是希望在团队内部自行消化的，但后来还是被曝了出来。那段时间，我们一直被舆论攻击，我们一度十分痛苦彷徨，内心承受着很大的压力。直到今天，这件事情仍是我们心中一道不想触碰的裂痕，是是非非已是过眼云烟，只希望大家都好。"

对此，投资人李欣也认为这不可能是一次策划好的营销事件，因为拿自己的股权开玩笑，这在创业圈是一件非常危险的事情。投资人对此是非常敏感的，如果只是为了一时的噱头而让投资人对你失去信心，完全是得不偿失的，任何一个理智的创业者都不会这么做。

事后，小袁说西少爷团队内部也进行过深刻的反思。对初出茅庐的年轻创业者来讲，在缺乏经验、资金、人脉的情况下，在合伙人的选择方面难免会存在不谨慎、急功近利等问题。还好，一切都过去了……

2. 最高明的营销是"自来水"自发传播

吕骋，渡鸦科技创始人兼CEO，26岁的他算是一个标准的90后创业者，六年前他放弃在英国攻读的研究生学位回国创业。2016年2月，他入选由美国知名财经媒体《福布斯》评选出的"30 under 30 Asia"（亚洲30岁以下最具潜力的30名杰出人士）。

其实在英国留学期间，吕骋就已经创立了自己的第一家公司，主营校园内的社交网络。凭借这个产品，吕骋名声大噪，很多投资人都曾致电邀吕骋回国共同创业。在与父母几番商量后，吕骋最终放弃读研，回国开始筹备渡鸦科技的相关事宜。他说，感谢他有一对开明的父母。

那么，能让一个如此出色的青年放弃国外的读研机会，重新归零的创业项目到底是什么呢？用吕骋的一句话来概括，就是要借助当下年轻人的力量，设计未来的操作系统。

吕骋的团队目前正在推进一款基于人工智能、搜索引擎和新型交互方式的云端系统"flow"。而在此之前,他们曾将音乐功能单独拿出来,做了一个叫乐流的App,采用的是类似科幻片《钢铁侠》里的操作系统。虽然这只是一次无心之举,这款App却几乎囊括了2014年所有的App类设计奖。

此时的吕骋深刻意识到,每过十年,操作系统都会有一次大的变革,现在30岁的人群使用的系统肯定不是40、50岁的人设计出来的,所以应该用年轻化的思维去实现操作的可行性。

在谈到为何给自己的公司取"渡鸦"这样一个文艺感十足的名字时,吕骋解释道,注册一个新公司,首先需要提交几个备选名字,即便作为创始人,也并不知道哪些名字被占了,哪些名字没被占。所以吕骋曾咨询过身边的专业人士,得到的反馈是,自从苹果和小米走红以后,所有的水果和五谷杂粮都已经被注册完了。

那要不试试从动物着手?首先,吕骋是一个游戏迷,当时《星际争霸2》有一个代表科学家和人工智能的兵种,音译中就有"鸦"的含义。其次,"鸦"在中国传统中并不是吉利的化身,甚至是不太容易被人接受的,这意味着不会有太多人选择这个字去注册公司名。最后,吕骋说,他曾特意研究过乌鸦这一物种,发现鸦类其实是鸟类里最聪明的。而渡鸦作为鸦类里最大的一种鸟,更是出类拔萃、聪明绝顶的物种。于是,去注册的时候他只填了这么一个名字,毫无悬念,顺利通过。

而站在营销角度考量,这个名字也算得上"标新立异"。对此吕骋信心十足,他认为现在的年轻人其实更倾向于接触一些他们文化符

12堂关键创业课：

99%的创业都死于不懂这些道理 _170

号里面的东西。他见过很多传统的公司，名字听着朗朗上口，但毫无特色。他经常跟自己的投资人开玩笑说，你投的公司都叫AA、BB、ABAB、BBAA、BB……但对年轻人来说，其实我们期望的是更酷的东西，所以，就叫渡鸦科技！

至于公司的明星产品flow，吕骋说，我们现在用的系统，无论是iOS还是安卓，都是基于一个应用程序，就是所谓的App。但是假如我要约一个人吃饭，可能需要在四五个App间来回跳转，这个体验实在是太割裂了，何不做一个统一的系统，可以囊括所有的信息和需求，让包含的内容全部像水一样源源不断地流出来呢？所以整个计划被命名为"flow"。

都说早期用户积累不易，渡鸦科技同样如此。吕骋感慨道，早期的渡鸦科技也走过不少弯路。flow的最早一批用户就是他刷脸刷出来的。换言之，公司之所以能在短时间内被关注，主要还是归功于吕骋的那次国外演讲，即TED[①]演讲。

这是一次无心插柳的营销，不仅让很多人知道了渡鸦科技，且让吕骋在微博上走红。小有名气的结果是为公司吸引来了很多优秀的程序员、工程师和设计师，他们毛遂自荐，希望能参与这个项目。

"于是，公司早期因为我的一次演讲蜂拥进一批喜好相同的人才，充实了团队，解决了当时公司因缺乏HR（人力资源）而没法开展主动招聘的问题。"

[①] 美国的一家私有非营利机构，该机构以它组织的TED大会著称。TED演讲的主旨是：Ideas worth spreading. 目前是一个每天有十万人流量的社区，立志连接一切"有志改变世界的人"。

第 10 章
营销无时无处不在

在乐流App推广的时候，吕骋发现在传统媒体上投放广告效果非常不明显，而朋友圈传播的时效又非常短。于是他将最早采访过自己的36氪的一名员工招进公司做CMO，并一起针对当时的现状开始选择适当的营销方法。

吕骋发现微博大V的影响力还是很强的，民众每天讨论的问题好像都是这些人关注且转发的。

那么，何不试着联系一些大V呢？吕骋说到此时颇感得意，他说现在大家经常可以在微博上看到一些号连发九张照片，并且每一个图片都是一个App，你点开图片之后就是一个二维码的下载链接，这就是所谓的九宫格推广。而这种形式实际上是吕骋团队最早和一批大V一起做起来的，当时做这种形式的推广的时候，平均每获取一个新用户的成本是八分钱，而现在获取一个新用户的成本大概是六元。

谈到如何寻找大V帮忙推广的话题，吕骋说除了通过相关中介公司联络外，还有最重要的一点是，当时很多业界非常有名的大V其实已是渡鸦科技的粉丝。而且不是自己找的他们，而是他们自发地成了渡鸦科技的"自来水"（因产品口碑而自愿宣传的水军）。

比如摄影界才女陈漫，就是那个给范冰冰、巩俐等绝对大牌拍照的大V，她是渡鸦影响力非常大的粉丝之一。另外包括徐小平老师、王强老师等。好的产品会说话，产品真的被大家喜欢，这点很重要，这是最核心的部分。吕骋多次强调这一点。

花50万元做一场发布会可能是很多初创公司想都不敢想的事，但吕骋说这也是他们一次成功的营销。在2015年8月产品尚未公测之时，吕骋就为flow做了一场声势浩大的发布会，之后更是接连召开了几场小型发布会。当时这一举动在业界引起了一些质疑的声音，包括外界也有一些误解。

但是，看似传统的发布会，但它的本质绝不是或不止是一个公开的发布会那么简单。

"我们对参加发布会的嘉宾的界定标准非常严格，例如最终来到发布会现场的是徐小平、王强、陈漫老师等。当然，凭借我个人的力量将他们聚集起来，可能短期内根本无法实现，如果你一个一个地去求他们帮你做事情的话，成本及代价实在是太大太大了。好的产品会说话，产品真的被大家喜欢是最核心的部分，还是那句话。所以他们自发地，都来了！"

没有PPT，不讲平台、生态这些传统发布会常见的天花乱坠的词语，吕骋只做了一件事，把现在可以实现的所有功能在现场演示了一遍，并告诉大家发布会结束后即可下载试用。于是，在严格控制早期内测用户数量的前提下，有了一个非常流畅的精英反馈渠道，为产品体验更上一层楼做好了热身。最重要的是，这一批用户在社会上的综合影响力是光靠砸钱根本笼络不下来的。

"自己不要成为大V，而是应该去认识更多的大V"的吕骋颇为得意，说这是他和渡鸦科技打得相当漂亮的一次营销战。

目前的渡鸦科技已完成A轮融资，总融资额达1800万美元。

针对初创公司的每一个阶段，在营销上的花费占比多少算合适呢？

吕骋认为，营销的花费不能只靠数额衡量。作为创始人，一定要时刻衡量这一笔钱在公司整个盘子里所占的比重。针对不同阶段，营销所占的比重需要实时调整。以渡鸦科技为例，早期的营销比例不到5%，后期可能更低，主要是因为已经有大咖自发成为"自来水"，来发布会为产品"站台""捧场"了。同样，在早期频频发力、放大招后，一些企业例如亚马逊，营销费用渐趋稳定在3.9%，唯品会为4.7%左右。

初创公司，营销推广预算如何把控？

对公司CEO来说，当务之急是找到一个合适的、有领导力的人来负责这件事，即相对放权。CEO需要告诉他一些财务的底线和想要的结果，然后出方案、落地执行。吕骋认为，这样操作的话有可能只花5元就能得到50元的效果。

长亭科技联合创始人陈宇森，他所在的团队是一支曾在国际黑客大赛中首次打入决赛的中国团队，技术自不用说，更重要的是他们是一群极具创新精神的人。

谈及为何放弃圈中技术大牛的地位反而投身创业的红海时，陈宇森说，在刚刚毕业时，团队成员也曾在360、阿里等知名企业做过许多项目。在这一过程中，大家渐渐发现，在那里你只能按照他们的想法做事，而对这群技术圈中的佼佼者来讲，他们更想按照自己的想法做事。

看长亭科技的名字，似乎跟黑客、极客并没有什么关系。陈宇森解释道，主要是隐喻长亭的英文翻译，它是数学里面第一个不可计算数，有一种无限、无法破解的感觉。其实这个名字还有一个十分"迷信"的寓意，假如公司可以上市，那么大家都会喜欢长亭，因为它代表着"涨停"。

国内做安全的公司不少，怎么让企业认识且选择长亭科技呢？

2B是主要针对企业级客户的公司，和2C公司的营销方式完全不一样，对于2B初创公司而言，这是一个慢慢推进稳扎稳打的过程。于是，长亭科技做了两件事。

自2014年7月成立到2015年7月，陈宇森团队首先将目标锁定于企业端的安全平台，为一些企业提供免费和付费的网络安全检测。在这个过程中，他们参加了很多国内安全技术大赛，并多次拔得头筹，以成绩证明他们的确实力强劲。其次，他们开创了一个先免费后付费的模式，和被服务企业先签一个免费授权书，启动后即把检测到的问题呈现给客户，下一步即提出付费安全检测模式，并证明拿到数据的唯一性，最后达成合作共识，简单说，就是实实在在地为客户解决问题。

成立近两年以来，他们通过一些国内很知名的大客户证明了自己的实力。在这种情况下，收费服务的客源从2016年开始蒸蒸日上。虽说数量并没有翻天覆地的变化，因为许多中小企业并不愿意为安全买单，但他们锁定的目标用户如金融、证券、保险这样的大企业客户对他们还是很需要的。

3. 不能成为网红的创业者不是好创始人

在诸多途径中，行之有效的营销策略往往基于以下两点：

一、**想明白你的用户是谁**。当你想明白用户的细分群体是哪些人的时候，你就知道他们需要的、喜欢的是什么了，然后对症下药。

二、**和最有价值、最终端的那批用户直接建立一维度关系**。所谓一维度关系，即你认识他，你可以直接让他来听你的发布会。比如说你与金融行业、保险行业合作，那么就要与他们的CIO（首席信息官）、CTO建立联系，第一时间听到他们的需求，且能直接把你做的东西对接给他们。

除了传统营销策略，现在最为时兴的莫过于**创始人自我营销，打造自身大IP**。最好的案例莫过于聚美优品的一则"我为自己代言"的广告片，CEO陈欧亲自上阵上演了一场华丽的逆袭。一时间，"我为

12堂关键创业课：
99%的创业都死于不懂这些道理

自己代言"成为热门话题，其间形成的巨大反差也使得"陈欧体"迅速火爆起来。它在为聚美优品带来巨大的品牌效益的同时，也展示了优秀品牌营销的新颖多样，并集合了新闻广告效应、公共关系、形象传播、客户关系于一体。据说陈欧每年能为聚美优品省下近千万的广告投放费。

真格基金的徐小平曾说，不能成为网红的创业者不是好创始人。成为一个网红给创始人带来的好处显而易见，在2015年的中国网红排行榜中，排名第一的王思聪曾告诉陈宇森，自己成为网红后的直观感受是非常正面的，且为自己的企业带来了不可估量的巨大价值。

作为真格系均参投的项目，渡鸦科技吕骋和长亭科技陈宇森都对此持保留态度。吕骋认为创业这件事，最大的诱惑就是做自己喜欢做的事情，作为一个年轻人，谁都渴望畅所欲言、有影响力，但是当你曝光度过高的时候，你的一举一动在媒体面前就会被无限放大。在这种状态下，本身承受的压力和收益是不成正比的，尤其是某些通过很低级的手段博眼球的方式，在营销中是令人深恶痛疾的。这种方式更像一味兴奋剂，立竿见影的效果自然明显，但是留下的后遗症随着时间也会慢慢凸显。

陈宇森认为，其实在网红这一概念尚未兴起之前，黑客圈就已经存在过很多网红了。现在在圈子里他们也算是小有名气的。知名度为他们带来了最大的红利，即大家能在短时间内认可他们的技术、为人，同时也能吸引圈中同样优秀的技术人员加入他们的团队。

营销的另外一种思路即借力！初创公司没钱没人，但可以借助周边的App、产品等，通过合作达成共赢。我们可以看到，很多创业者做得更多的是到处站台、蹭会、刷存在感。对此，吕骋坦言，之所以在早期他把大多数精力都放在塑造企业DNA本身上，是因为之前在英国上学的时候，老师曾在课堂上举过一个例子：当你坐车的时候，你从第一天就应该想清楚，你坐的是大众，还是兰博基尼。虽然这两辆车卖得都很多、都很成功，但作为车来讲，它们的目标客户和定位是完全不一样的。

第一，好产品自己是比别人给你的"腿"跑得更快的。

第二，与其在谈合作的过程中消耗大量时间，倒不如把自己的产品改造得更好，让公司更加制度化。

第三，把品牌本身的价值做出来，绝对不为增粉而自降门槛。

但是为了增粉、吸引眼球，为了制造"热点、劲爆、反常"的噱头，别说门槛，无底线的公司或创始人也大有人在。

那么，营销到底需不需要底线？营销的底线该怎样界定？

一次成功的事件营销，从内容到表达，从创意到执行，都需要精准策划，稍不小心就会陷入费力不讨好、无人问津的尴尬境地。公众都有猎奇心理，而互联网高效、低成本的传播效果与这一领域的法律真空正好形成了强烈反差。有的人就会想，只要能博眼球，过火一点又怎样？

有创业者觉得，恶意营销会拉低一个企业的专业性，如果自己无法把控，那便是失败的营销。反之，即便是恶意营销，若能操控得当，也是一场绝地翻盘的胜利。

有投资人觉得，现在的年轻人对商品太挑剔了，想快速在这个

12堂关键创业课：

99%的创业都死于不懂这些道理 _178

互联网时代吸引更多消费者的视线，需要做一些有娱乐性的自媒体传播。为什么得有娱乐性？因为有趣有意思，年轻人才会愿意传播给别人看，愿意转发。虽然有些方法和手段可能会让人觉得在打擦边球，但是如果营销和你的产品有极强的关联性，那么还是可以用一些特别的营销手段来吸引大众的眼球的。

投资人李欣认为，在资源有限、资金有限、人手也有限的情况下，在不违反社会道德和法律底线的前提下，想出一些不错的点子，出一些奇招，未尝不可。但是，如果只是一个纯粹吸引眼球的行动，营销的成功跟企业的关联度并不是很大，那即使得到了关注，也是失败的。因为最终所有的营销都需要指向一个结果，即转化，企业最终是希望大家买你的东西，记住你的品牌。

对于2015年"超级课程表"创始人余佳文曾夸下海口要给员工一个亿分红这一热点新闻，李欣同样认为，余佳文确实不该拿不该开玩笑的事情开玩笑。有些创始人拿新产品、新的创意适当开开玩笑，博用户一乐倒是可以，但是拿给员工发奖金、投资、公司的发展方向这种严肃的事情开玩笑，不但有损他个人的信誉，对公司来说，信誉和长远价值的损失，也是非常严重的。

西少爷袁泽陆同样不认同这种做法。作为创始人，你代表的不仅仅是自己的个人形象，更是公司的形象。无论你是几零后，再有个性，拿本应严肃的事情开玩笑，都是万万不可的。

商业的底线到底是什么？是诚信。作为创业者，你需要将营销视为你的权利，而不是权力。首先要深入洞察用户的基本需求，同时结合自身产品的特性，把握分寸，在保证用户体验不被破坏的基础上再去追求别出心裁。

有句特别经典的话："要将营销视为一次能够让你帮助别人的机会，而不是你得以打扰别人的借口。"这与微信之父张小龙所说的一切的一切，都要以用户为依归有异曲同工之妙。

第11章
创业小白的十万个为什么

◎ 从发现痛点到做出产品,你需要这六步

◎ 种子用户在哪里?

◎ 潜力和瓶颈,都要及早觉察

◎ 创业,没那么简单

1. 从发现痛点到做出产品，你需要这六步

偌大的北京，寂寞的城市，人们每天都要为了生活而奔波忙碌。工作三年的惜缘对此深有感触，她租住的处所与上班的地方相距甚远，当她疲于奔波而产生换房念头时，却出乎意料地发现，她竟然租不到一个满意又合适的房子。于是，一个想法在惜缘心中慢慢升腾……

惜缘的创业项目叫作"易租客"，主要是针对像她一样的"异地"上班族，提供的服务则是帮助客户在单位附近快速找到合适的房子。为了区别于其他租房软件，"易租客"不光做空闲房子的出租，同时把一些已经租到房子但觉得差强人意、希望置换到更合适房子的租房群体也归纳进来。

这个创业项目酝酿伊始，惜缘内心的激动无法抑制。当在银行劳累工作一天，夜晚躺在床上睡不着时，她总会在脑海里一遍遍盘算：

12堂关键创业课：
99%的创业都死于不懂这些道理 _184

如果"易租客"的平台搭起来，那所有的人都可以住在单位门口，走着就可以去上班。方便不说，还能减少城市拥堵率，甚至污染问题也会迎刃而解。

这无疑是一个"救世主"的想法，然而投资人往往不太喜欢接触这类看起来大而全的创业点子，因为没有一种单一的商业模式可以把住宿问题、交通问题、环境问题乃至人生问题全部解决。

可以看出，在银行工作的惜缘对创业以及运营模式并没有一个清晰的思路，她钻进了一个创业的常见怪圈，那就是似乎已经找到了一些需求或者说痛点，但是不知道从何发力！这是像惜缘这样的创业小白经常头疼的一个首要问题，而创业，创业，右边是一把刀，如果你目前没有解决痛点的工具或独门秘籍，那你就肯定没有把痛点变成甜点的能力。

对惜缘的这番想法，投资人徐绍毅提出了自己的观点：想象中的商业模式是否可行，是需要做一些系统性调研的；只有做了调研，你才会知道这件事情如果要实现的话，它需要哪些要素，如何做成，有什么障碍等。接着要想的是，怎么找到你的客户和用户，怎样增加用户黏性，并依此建立一个客户基数平台，而用户黏性里又涉及频度、强度、交互性和互惠性，这些都是商业模式里应该考虑到的。如果这些都没有想清楚，想寻找到一个靠谱的投资人，那肯定是一件很困难的事。

综合来讲，可以参考创业六环节：

第一，找准创业机会、找到目标客户的痛点。即市场有真实需求

（比如更方便、更快捷、更好玩、更便宜）且有利可图而且技术上能够实现。

第二，确定商业模式。好的商业模式的特点是：简单、直接，没有多余的环节。对初创企业来讲，复杂的商业模式会加重团队管理的难度和发展的速度。

第三，组建团队。寻找靠谱并认同你商业模式的合伙人。

第四，挖掘产品原型。互联网公司的核心战略就是产品战略。

第五，寻找投资人。我更希望将创业者和投资人的关系定义为合作伙伴，一个好的投资人首先应该是一个好的合作伙伴。

真正的投资人应该是能够站在你背后帮助你的人。选择投资人的一个判断要素是：熟知他的投资历史，是否在业内有比较好的口碑，接触之后是否能证实口碑的真实性。

第六，锁定核心客户群、制定推广战术。核心客户群是指产品受众中对产品的忠诚度高、能够容忍产品不完美的那个群体。例如陌陌，作为专为陌生人交友而设立的应用平台，主要针对空虚寂寞的年轻男女，所以核心客户群就锁定为高频、年轻、小众、爱传播的那群人。找到核心客户群，把核心客群作为项目的突破口，全力以赴把产品渗透进去，这才是项目获得市场认可的关键。

图穷匕见，惜缘对创业这件事情的理解比较简单，没有区分什么是需求，什么是需要，什么是愿望。当你不确定自己要不要开始创业时，只需要问问自己每天想到这个点子时你有多激动，如果每天都激动得寝食难安，那你可以考虑开始了！

12堂关键创业课：
99%的创业都死于不懂这些道理　_186

积重难返，找到了问题所在，惜缘需要的便是通过时间来一点一点改变。借用投资人徐绍毅的话：**我希望你每天都被你的梦想召唤着，每天叫醒你的不是闹钟，而是你的创业计划！你去创业是因为你被它唤醒！**千万不要是因为打工不成、走投无路才去创业，那你注定失败！

2. 种子用户在哪里？

　　吴一龙也是一个创业小白，一个月前他还是一名普通的期货交易员。有了创业的念头后，他毅然决然地辞职，卸除了自身的枷锁，便一头扎进了创业的浪潮之中。创业说起来容易，但真正做起来才发觉何等不易。一个月后，一龙终于在摸索中加入了一个初创团队。五名成员，义无反顾地投入了一个名为"浪漫有约"的移动社交应用的创业项目里。

　　在团队里，一龙主要负责应用推广活动。软件上线一个月，通过微博、微信等线上推广，"浪漫有约"总共注册用户1.2万人，但活跃的用户只有10%左右。这并不是一个理想的成绩，一龙自己也清楚：如果他们做社交2C（对消费者的社交公司）的话，没有百万级用户基数，基本上没人会看到他们。

　　可是反观他们的获客方式，对草根创业者来讲，这可能是最容易被选择的方式了：几个合伙人攒点钱，然后通过微博、微信找一些大V，借助他们的力量达到推广目的。然而最终效果并不理想，一龙说，攒的钱快花完了，快扛不住了……

其实这种广撒网、大海捞针似的获客方式，就像在小区门口送米送盐求下载一样。试问小区里的大爷大妈会是你App的受众吗？即使当时下载了会注册使用吗？所以无目的地地推、自媒体推广跟在街上发传单没什么区别，窄众、低效、转化率极低！

对一个处于初创期的应用平台来讲，寻找高质量种子用户的价值和意义实在不容小觑。目前，种子用户大致有五类：

一是建设型种子用户。一般适用于大型的UGC[①]社区，这类建设型种子用户需要有内容生产能力和活跃社区氛围的能力，比如豆瓣、知乎的运营。

二是扩散型种子用户。例如小米公司，它最初的种子用户是所谓的100个超级用户，但这100个超级用户并不是名人、明星，而是100个刷机圈里面可以持续向小米提要求、持续互动的用户，这样才能在各个论坛里获得流量。真正的KOL（关键意见领袖）的影响力其实是有限的，他们能吸引你来到这个地方，却不能吸引你留下来。真正能够吸引人留存下来的，是那些扩散型种子用户。

三是社群型种子用户。有身份认同感的人，在现实生活中一定

[①] 用户原创内容，是伴随着以提倡个性化为主要特点的Web2.0概念而兴起的。它并不是某一种具体的业务，而是一种用户使用互联网的新方式，即由原来的以下载为主变成下载和上传并重。

会形成圈子。如果你做的是垂直细分领域项目，例如母婴、闺蜜、网游、读书会等，你只要找到他们的微信群或者论坛，进行渗透，就可以"一网打尽"。

四是营销型种子用户。即找KOL宣传。但营销型种子用户进入的最佳时机应该是产品的中后期，那时候需要爆量；如果早期做很容易让用户预期过高，进来后却得不到满足，导致有注册却无活跃的尴尬，一龙的"浪漫有约"就是一个教训。

五是数据型种子用户。从A轮开始的每一轮融资都要看数据，都需要数据型种子用户，有经验的创业者都明白他所找的种子用户就是为凑这个"数"，凑齐这个"数"就可以进行下一轮融资了。

"浪漫有约"这个项目刚开始时是一龙和他的小伙伴自掏腰包的，但到了后期，社交软件的烧钱模式使他们投入的资金已不足以支撑他们继续走下去了，而且他们的项目又是技术外包的，所以当务之急就是尽快寻找一个靠谱的技术合伙人。

朴俊红认为，合伙人是讲缘分的，其中包括大家各自的志向，是不是有合作的基础，愿景、价值观是否相同等。这不是发个公告简单招聘一个开发人员那么简单。这里也暴露出一龙团队的一个问题，那就是一个社交应用产品，一款线上App，竟然没有技术合伙人，项目怎么就开始启动了呢？这难免会让投资人感觉团队轻率、不靠谱。

徐绍毅则一针见血地指出，一龙的社交软件项目所在产业早已是一片红海，如果有可能跟大公司的创业团队相结合，嫁接它们的商业模

12堂关键创业课：
99%的创业都死于不懂这些道理 _190

式，还有可能会发展得更好更快，否则想找到一个投资人，简直难于登天。所以创业的本质还是应该回归到你自己项目的打造，把项目做得更靠谱，把数据做得更亮眼，而不是两手空空时就想着找人投资。

3. 潜力和瓶颈，都要及早觉察

正所谓：人在江湖漂，哪能不挨刀。即便内心寒风彻骨，在创业的千军万马中也要一夫当关。强大的创业者不是看他能征服什么，而是看他能承受什么。

天津，一座瞬息万变的繁华都市，每天有无数创业者的梦想在这里活着，也有无数创业者的梦想在这里死去。天津小伙崔仁俊就是其中一位。

小崔的"众人快递"项目跟一龙的"浪漫有约"一样，采取的是团队合作的方法。他们的团队一共有三个人，是基于O2O将线下的商务机会与互联网结合，让互联网成为线下交易的平台。这个概念最早来源于美国。O2O的概念非常广泛，既涉及线上，又涉及线下和IBS功能①。目前小崔的"众人快递"项目进展已达到70%，App的核心功能和程序以及后续UI（用户界面）设计和辅助功能都在研发当中。他们的计划是2016年出测试版，但现在创业市场的一触即发让小崔及他的小伙伴十分不安，雪上加霜的是，他们的资金也已经到了极限。所以他们在想，怎么可以让项目加速推进呢？

小崔对快递服务有着自己的认识，他觉得"众人快递"的定义应该是一种战斗型、互相抢单服务的"诱因"②。因此，"众人快递"应该具备三个特点：一是自动匹配，二是发件人可以选择送件人，三是用户自己发单让送件人自己抢单。

在小崔看来，"众人快递"是具有社交货币③意义的。"众人快递"的市场在于将闲散的人群利用起来，例如学生、老年人以及一些像骑友类的群体，让他们参与到派单中来，收费的模式按一件基本公里数核算。

徐绍毅和朴俊红都认为小崔的项目还有许多问题需要推敲。一开始就想建立一个大的市场是不可能的，目前需要做的应该是及时止

---

① i Business Service System 是 IEI 推出的协同业务管理系统，它在统一的企业信息平台上实现对人事、客户、项目、内部资金流以及内部事务决策等的处理。IBS的最大特色是消除了企业内部的各类孤立信息流，整合企业现有业务系统，统一数据流，实时流转数据流，并对其进行全面安全保护。该系统完全是为大中型企业设计的重量级、高性能、开放式的内部业务管理的解决方案。
② 设计一种在特定的环境下能够激活顾客内心的产品与思想线索，将我们要传播的产品或思想与这个场景做关联。
③ 人们希望自己在朋友眼中"时尚、前瞻、有内涵、有趣"，用人们乐于与他人分享的特质塑造自己的产品或思想，从而达到口碑传播的目的。

损。投资人通常会问你，你公司现在有哪些潜力？未来会如何挖掘这些潜力并使之成为现实？而具有多少潜力，如何挖掘这些潜力，就需要创业小白们言之有物，见解独到地讲述自己的商业故事了。

4. 创业，没那么简单

  这个像流沙一样的世界，没有什么恒定不变，也没有什么峰回路转。创业会有无限的可能，善与恶会相生相伴，所以永远不会有一劳永逸的答案，而创业的本质便是不安。

  前面三节提到的三位创业小白所面临的问题其实大致相同，就是在创业初期商业模式不清晰、缺乏资金、技术不够成熟……创业成功本来就是一件小概率事件，创业者往往都没有明白一件事情：创投圈绝对是马太效应最明显的地方，强者恒强，弱者其实是无人搭理的。

  不难看出，创业小白们对创业都是非常有激情的，都有着强烈的想要做成一件事的愿景。但是小白们又有一个共性，就是把创业想得太简单了，听了太多一个点子就可以拿到种子资金、烧投资人的钱创自己的业、站在风口猪都能飞起来的故事，这就让越来越多的人不淡定了。

第 11 章
创业小白的十万个为什么_195

创业者光有激情是不够的，还需要体系、制度、团队以及良好的赢利模式。所以投资人对完全没有准备好的创业者说得更多的是叫停或止损，而这是需要每个人深刻领会的。

成功似乎往往就在毫厘之间，每个毫厘都稍纵即逝。一穷二白的小白们又该如何迅速增加自己的经验值呢？徐绍毅给出了以下两点建议：首先，应该先尝试加入一个创业公司；其次，在其中不断地失败和试错。

最终成功的创业小白们，他们身上又有什么共性呢？**第一是超级聪明，第二是他们确实有一些成功的商业计划，第三就是不断地试错，不懈地坚持！**

所以在这个大众创业、万众创新的年代里，小白创业者还是要从盲目中睁开双眼，当你充分相信自己的商业模式，却又缺乏资金的时候，不妨试试我们前面提到的3F模式。这已经是第三次在本书中提到此模式，可见它对于初创者的普遍适用性。

在本章里，或许没有那么多小白所期待的"正能量鸡汤"，但时代到处都是惊涛骇浪，能搏击风浪的创业者往往都要经历漫长的酝酿、窖藏之后才会有清冽的酒香。忠言逆耳利于行，要相信那些你坚信的，就像马云曾经说过的："熬那些很苦的日子一点都不难，因为我知道它会变好！"

最后，用投资人徐绍毅的话送给各位想要创业或者已经开始创业的小白共勉之：你的梦想如果会实现的话，几率会有，但是你如果不尝试的话，那就一定不会成功。

第 12 章
比起连续创业者，他们更爱持续优秀者！

◎ 创业是否成功，谁说了算？

◎ 他的创业为什么会"连续失败"？

◎ 持续优秀者为什么更受投资人青睐？

1. 创业是否成功，谁说了算?

在创业的路上，他有一个有趣的外号——"打不死的小强"，在十几年的工作生涯中，他曾多次创业，他就是家教O2O"请他教"的创始人陈远河。

说起陈远河的创业初衷，或许跟千千万万从农村来到大城市独自打拼的年轻人一样，就是为了改变人生的命运，出人头地！

高中毕业后，陈远河带着爸妈给他准备的大学学费，逃学来到北京开始了他的第一次创业。

第一次创业是创建了一家网站。1999年年末、2000年年初时，小陈觉得互联网仍是安常习故，内容匮乏，他想为互联网注入一股新鲜血液，专门提供内容，从而获得相应收益。这次创业坚持了两年多，颠沛流离、吃不饱睡不好一直是常态。这样的生活反而使他越战越勇，不断汲取养分，努力扎根于互联网的沃土中。

12 堂关键创业课：
99% 的创业都死于不懂这些道理 _200

到2003年左右，小陈已经成长为中国较大的个人网站的站长了。如果溯源的话，他认为自己甚至要比中国最有名的站长、域名之王蔡文胜更早一步介入互联网。毫不夸张，当时小陈的网站流量在中国可以算得上位居前十，每天的IP访问量有200多万次，这意味着在广告方面小陈的收益就已经非常可观了。

这样的势头一直持续到2006年，小陈积攒下了人生第一桶金——1000万元！此时，他的胃口更大了，并将目标转至音乐内容方面，欲成为一家音乐内容提供商。

于是，他来到深圳，如果说这算他的第二次创业的话，这次他坚持了三年多。用他自己的话说，是从风口重重地摔进了尘埃，不仅赔光了之前积累的千万身家，还欠了一屁股债，最终狼狈地逃回厦门老家。

回厦门前，陈远河来不及感怀伤秋，他唯一能做的是将所有家当变卖，与同甘共苦的兄弟抱头痛哭一番后，他开车返回福建。在厦门一个酒店门口，他将自己唯一的固定资产——这辆车，卖给了一个二手车贩子，用卖车得来的几十万还了部分欠款，留下了七万元开始了他的第三次创业。

彼时的微博还是社交世界中尚未苏醒的"雄狮"，商业嗅觉敏锐的陈远河预判未来可能是自媒体的春天，事实证明他的预判是对的。第三次创业小陈坚持了两年多，在2012年的时候，他又一次站在风口，成立了中国较大的自媒体公司之一。公司最早的业务就是主营各地的地方账号，在微信公众号登上社交舞台后，也兼顾很多公众号的运营。现在这家公司还在经营，由小陈原来的合作伙伴负责。

第 12 章
比起连续创业者，他们更爱持续优秀者！

忆往昔峥嵘岁月，小陈感叹，在这三次创业经历中，前两次是为了财富而去创业的，而第三次则是为弥补第二次创业失败带给自己生活的困窘。每一次都有惦念，每一次都没有真正地放下。

现在，在财务相对自由后，小陈下定决心，再次起航，开始了第四次创业，而这次是他心中向往许久的自由创业。

小陈开始投身于他一直想做的教育O2O行业，从2014年10月在北京创立"请他教"以来，这一路可谓一波三折。天使投资到位后，曾经有一段时间，小陈的公司资金周转困难，将近四五个月都是靠他的两位高中老友即联合创始人垫付的100多万元才得以维持公司的正常运营。目前，虽然已拿到三轮融资，但小陈认为离成功还有很长的路要走。

谈到"请他教"项目本身，小陈认为，他们的核心目标用户区别于传统的线下课外辅导机构的家长。虽说课外辅导是对校内教育的有效补充，但就现状而言，很多家长并不能负担相对昂贵的费用。所以"请他教"建立的一端学生、一端老师的线上平台便是对传统模式的一次颠覆。经过一年多的努力，"请他教"已成为行业中的佼佼者，每天的交易数据过百万。

张志勇（元航资本创始合伙人）认为，小陈的四段创业经历很有意思。从第一段经历来看，他认为小陈至少获得了财富的自由，或者说是相对的自由，但是在第二次、第三次中可以看出，小陈是一个创业思路非常不明晰的创业者。坦率地讲，这完全是两段非常失败的创业经历。而现在的小陈再次归零，选择与前三段联系甚少的家教O2O项目，更不是明智之举。

12堂关键创业课：
99%的创业都死于不懂这些道理 _202

对此，小陈解释道，这源于他自己从小便存在的教育心结，父母为子女的教育事业花费了毕生的精力和心血，可高昂的教育费用、稀缺的教育资源，使他这种农村孩子完全无法参与高质低价的课程，而现在互联网可以改变这一切。

张志勇认为，要想创业成功，是不是连续创业者无所谓，但你一定要是一位优秀的创业者，这个"优秀"有几个前置要素：第一，这个项目遵从的是内心的一簇火种、一个理想，甚至说是一个野心，是创业者日思夜寐、未曾实现的执念；第二，创业者本人必须有非常强的学习能力。

当问小陈在他眼中什么是创业成功时，小陈说，真正的成功取决于他是否能为社会创造价值或为使用者创造更为便利的产品，以及是否能让更多的人使用你的产品、使用你提供的服务，而不仅仅是企业如何上市或套现。他认为这才是真正的成功。

站在投资人的角度看创业，关注的大多是成功；但站在创业者的角度看创业，实质上应更多地关注失败。

一方面要借鉴别人的失败教训，另一方面要遵从自己的内心，判断你能否接受失败。成功是极低概率的偶然事件，在通往成功的过程中，要研究失败，不断积累，坚持学习，与时俱进。

2. 他的创业为什么会"连续失败"?

  成都创享兄弟公司联合创始人刘世杰,也是一名连续创业者。现在他公司旗下的产品叫作"竹子建站"。

  从高中时期开始,颇有商业头脑的小刘就做起了时下最为火爆的海外代购业务,帮高中同学从美国代购鞋子。大一时,满怀创业激情与梦想的小刘不顾父亲阻拦,毅然退学,带着仅有的4000元钱来到北京。

  当时的小刘并没有直接创业,而是带着自己的简历找到了他生平第一份正式工作,在一家广告公司做了一年的销售。当时的他认为第一份工作的意义是帮自己下一份工作或自己将来的创业打基础、积累人脉。

  虽然当时一个月的工资只有2000元,但是聪慧好学的他在入职四个月后便成了总裁助理和西安区总经理。

12堂关键创业课：

99%的创业都死于不懂这些道理 _204

这时，他决定创业。

现在回想起这段经历，小刘苦笑说，当时的自己其实还不具备创业所需要的相关能力，反而自视甚高，空怀一腔"鸡血"。

第一次创业就这样开始了，他和一个朋友各出了一半资金，各拿50%的股份，业务主要是为一家名叫"佳丽团"的化妆品网购平台提供货源。这段经历持续了四个多月，幸运的是，最后他们成功将公司卖给了供应商。虽然赚了一笔不多不少的"辛苦费"，但归根结底，小刘认为这是一次失败的创业经历。

也许很多人觉得没有赔钱，反而小赚一笔也算是成功啊，可小刘却说，对他来讲，最大的收获反而是明白了股权划分上的门道，以及与最好的朋友合作创业的优势和劣势。

于是，他将小赚的这一笔资金投入他的第二个项目，即现在还在运营的一家商贸公司。当时的小刘既不懂贸易也不懂外语，仅凭着一股不服输的韧劲。没别的，就是想做一家贸易公司。

这股不管不顾的劲头很快让他尝到了恶果，在大约两年的经营过程中，他们持续亏损了100多万元。直到2015年3月，在获得了德国一个品牌的中国区总代理后，才开始扭亏为盈。2015年年底，实现账面净利润大约200万元，而这200万是靠三个人的力量熬过多年的亏损之后才千辛万苦赚得的。

大家往往都认为人生的第一桶金不好赚，钱生钱或许相对容易些，于是小刘义无反顾地将所得的全部投入他的第三个项目——智能名片。

第三次创业，小刘的初衷是想做一个品牌连接客户的生意，在手机壳后面加用户的个人二维码,通过扫描二维码识别名片。但这次创业最大的失误,恰恰是没有考虑清楚用户的应用场景。

谈及这次的失败教训,小刘坦言,**创业其实是一件需要一心一意的事情,三心二意,一个人身兼N职是不切实际的,每个人只能以独立的精力来完成这个使命。**做"智能名片"的这段经历,前后经历了两年多的挣扎,四个联合创始人先后投入该项目的金额达百万元,从西安多次辗转各地寻求发展,但于事无补。因为一开始应用场景就没想好,方向就不对。

最后,这段创业经历埋葬在成都。

虽说事不过三,但小刘不甘心,第四次创业,他充分吸取了前三次栽跟头的经验教训,创立了一款他非常自信的产品——"竹子建站"。这是一款无代码、傻瓜式的可视化移动建站工具。简单来说,就是为网页设计小白提供操作简单、便捷的模板工具,等于把个人的中间品牌交流转变为企业与个人、个人与个人的连接。通过为用户提供自主化建站这一服务,每年从每个用户身上收取1000元左右的费用,同时也提供定制化服务的开发。

作为一个2B的服务中小企业的互联网初创公司,虽然竞争激烈,但小刘对目前"竹子建站"已经有了一些大型客户而感到自豪,例如深圳的百果园和佳华珠宝等。百果园是目前国内较大的水果品牌服务商,小刘说当时与百果园的老板沟通时,问他们最大的痛苦是什么,他们提出,公司官网创建于五年前,每次去更新一个图片或者页面,都得单独请美工、编辑,费时费力,效率又低,最终选择"竹子建站"这种一条龙式的服务,觉得非常靠谱。

12堂关键创业课：
99%的创业都死于不懂这些道理 _206

听完小刘的创业"血泪史"，张志勇认为他其实存在着与前一位创业者陈远河相同的问题。在小刘的第一、二次创业中，都是利用一个平台做客户，即需求方和供应方上的连接，但到了第三段和第四段创业又重新跳回之前并不擅长的领域，这是一种很不靠谱的行为。而"竹子建站"这个项目实际上也是一个完全没有前景的项目，原因很简单：第一，壁垒很低。第二，自身红海。第三，从当今企业对自己的品牌形象和网站的对外运营来讲，虽说曾经做一个网站对初创企业是件举步维艰的事情，那时候出现的一些为企业提供建站服务的公司是存在一定发展空间的，但是随着技术逐渐普及，门槛逐步降低，这个行业就会慢慢消亡。正如互联网还未大肆兴起之时，做一款App是一件难于上青天的事情，但放在当今这个市场瞬息万变的时代，大量App公司如雨后春笋般不断涌现，App的开发成本和门槛自然一落千丈。

同样拥有多年站长经验的前一位创业者陈远河也认为，其实在十几年前就出现了与自主建站类似的系统，而当时基本上每一个站长都想做类似的产品，但是经验告诉他，要做自主建站的服务就必须承担随时降级的风险。

若要就"竹子建站"项目做一个投资意向评估，张志勇的回答是——肯定没有投资意向。

这种点评可谓一针见血，小刘也坦言，部分认同张总的意见。不过最近他观摩了一些知名的创业课程，并格外赞同其中的一个观点：当我提出一个主意或者一个创业项目时，可能所有人都会说这是一个很没有前景的项目，但是只要给我五分钟的介绍时间，听者自然会觉得这是一个还不错的项目。对创业者来讲，一款产品有没有投资前景，能不能创造价值，是在连续创业的过程中才能不断体会的。如同张志勇所言，我们要认清过往和现在，不要把之前创业的固有思维或模式化状态带到当下的场景中。

3. 持续优秀者为什么更受投资人青睐？

其实，对一个投资人来讲，连续创业者这个标签只是创业者众多符号中的一个，并不足以成为投资人判断投或不投的最核心条件。原因很简单，对一个创业者来讲，连续创业的经验其实是一把双刃剑，优势在于他在过往的创业过程中经历过大大小小的沟坎，可能对一些问题有着亲身经历和经验，比起创业小白来，在人脉、资源、运营、管理上都有更多的积累。而劣势也很明显：

第一，容易路径依赖。所谓路径依赖，即习惯用某种方式去做一件事后，便可能会将过往成功的经验运用到第二件事上。但商业的本质是不断推翻、不断创新的过程，如果习惯固守往日逻辑，容易被市场淘汰。

第二，容易成为放弃创业的高发人群。说好听是灵活、懂得适时掉头，说难听是不坚定。对创业者来说，如果对自己曾下定决心的创业方向都不能坚持下去，那么之后想获得成功更难。虽然现在有很多创业者都是连续创业，虽然也有一种说法认为第三次创业的成功率最高，但是如果存在习惯性的不坚定，更易让投资人对这个创业者持怀疑态度。

第三，喜欢用跟随自己的"老部下"。虽然这样看起来像个梦之队，而且知根知底，但在项目初期推进时往往会格外缓慢，因为大家都容易带着对上一个项目遗留的想法、偏好和包袱。要知道，新项目需要的往往是一个能带来颠覆性创新思维的小伙伴。

虽说都叫连续创业者，但细分起来还是有差别的：

第一种，他曾经是某优秀公司的创始人之一，但并不是最主导的那个，或许是联合创始人，与别人共同做出了很优秀的企业。如汉庭CEO季琦，他曾参与和主导创办了三个上市公司：携程、如家、汉庭。优秀企业IPO上市以后，有使命感的人一般会觉得自己的理想、目标阶段性地完成了，便想另辟蹊径，卷土重来，成为新项目的主导者，或者说想实现自己内心更大的抱负。毫无疑问，这种有过连续成功经验的经历在约见投资人时一定是会大大加分的。

第二种，是一直在路上的连续创业者，但始终没有成功，并希望通过接连不断的项目找到一次来证明自己的机会。在创建美团之前，王兴曾被戏称为最倒霉的连续创业者。2005年创立人人网前身——校内网，最终却因资金链问题而被收购；2007年创立被称为"中国版Twitter"的饭否网站，在用户激增至百万级别后却因政策问题惨遭和谐；再次杀回战场后，王兴最终迎来了美团时代的成功与骄傲。三次宝贵的创业经历为他的人生，也为创投界画上了浓墨重彩的一笔。

唱吧创始人陈华也是这样的连续创业者，与合伙人吴世春一手创办了酷讯网之后，在广聚人才、大量频道纷纷上线时，惨遭2008年金融危机，深藏的矛盾一触即发。股权分配不明、与投资人之间的矛盾，使得这个前途无量的项目不得不戛然而止。这次的失利使陈华意识到自己在管理能力上的欠缺，便毅然决然地进入阿里学习，担任大搜索部门的负责人。在阿里的耳濡目染中，基于对移动互联网和电商的判断，2012年他再一次投身创业，并将目光锁定于移动团购，即导购促销平台最淘网，但用户增长始终过于缓慢，最终最淘网业务基本停滞。但陈华依旧没有停止摸索，反而在不断总结分析后，最终确定了市场仍处于蓝海的"唱吧"项目，最终大获成功。

第三种，他的企业可能最终没能走到IPO，但是中间被并购了。若是被并购，则可能存在两种角色：第一种是继续做公司的职业经理人，继续经营和管理这家公司；另外一种便是被扫地出门，由并购人主导公司运营，创始人则去做另外的事情。

80后创业明星李想2000年注册泡泡网并开始运营，仅凭借着自己对IT产品的一腔热爱和滚雪球式的资本积累，高中学历的李想让泡泡网在中国互联网行业独树一帜。2005年，李想带领团队从IT产品向汽车业扩张，创建汽车之家网站。2008年6月，澳洲电讯宣布收购泡泡网55%股份，当然，这次股份收购也包括了汽车之家。2013年12月，汽车之家上市，但澳电拥有66.2%股份，而李想仅持股4.9%。2014年11月，股票禁售期后，李想通过抛售，持股比例已不足4%，他在自己一手创办的公司的话语权可想而知。2015年6月，李想宣布离职。但他创业的步伐并没有停止，目前他已投入到了自己全新的项目当中。

第四种，一直失败一直再起，虽是打不死的小强，但投资人不一定就爱。中间或许也有盈利，也曾觉得离成功仅一步之遥。针对这类创业者，张志勇表示，实际上他是用了若干次连续失败来证明他的创业无法成功，那么凭什么会相信他这一次，甚至下一次就能成功呢？所以对于这类连续创业者，投资人对他苛求的程度可能更高一点，因为他没有证明过自己。

其实比起连续创业者，投资人更爱的是持续优秀者，比如某位硅谷的创新小天才；或者像聚美优品陈欧这样从小成绩优异，小学全市第一，直接跳级上初二，16岁考取全额奖学金留学新加坡就读南洋理工大学，大学期间成功创办在线游戏平台Garena，26岁获得美国斯坦福大学MBA学位，年仅27岁创立聚美优品，29岁荣登福布斯中文版评出的"中国30位30岁以下创业者"名单；或者是虽辍学但不影响他曾经成功的如李想般的连续创业者……众多投资人、投资机构会定期追踪这些人在哪儿，在干吗，会关注且跟进他们最新的想法或项目，因为优秀的创业者和好项目一样，是稀缺的！而对于优秀的人，保持优秀往往已成为一种他们自己都不自知的习惯。

李开复也曾说过，连续创业者成功率最高。不过迄今为止，并没有权威的统计数据表明连续创业者的成功概率比初创者更高。也并不是说，只要你是连续创业者，投资人就会对你另眼相看。

甚至"连续创业"这个标签在部分保守投资人的字典中并不是一个褒义词。当然也有一些投资人会格外看重连续创业者，凡事皆有

12堂关键创业课：
99%的创业都死于不懂这些道理　_212

两面性。创业不是死撑，不是苦苦煎熬，应该是你认准目标后乐在其中。相较于绞尽脑汁地想"冥冥之中我该创业""命运中我一定能成"，不如先选择放低目标，试着做一个你真正喜欢、有兴趣的东西，专注、坚持有时候也会得到意想不到的效果。

创业路上永远没有终点站！

附录
创业公司的 N 种死法

◎ 死法一：没想法

◎ 死法二：伪需求

◎ 死法三：纸团队

◎ 死法四：不聚焦

◎ 死法五：无融资

1. 死法一：没想法

创业是九死一生的事，你方唱罢我登场，优胜劣汰的"残酷物语"在这里体现得淋漓尽致。在看似风光的创业圈背后，实际隐匿着极高的死亡率。据统计，90%的创业公司都会在前三年死掉，有的生存周期甚至更短。总结死亡是为了更好的生长，避免陷入同样的泥淖，既然创业丧钟曾经敲响，那么我们有必要总结，对一个创业公司来讲，究竟存在多少种死法？

有首歌唱道："南风喃，北海北，北海有墓碑。"不光是北海有墓碑，创投界也有一座墓碑，那就是由小张创立的"创业墓"。顾名思义，"创业墓"旨在为那些死掉的项目和创意搭建一个回忆的"墓志铭"，并予后来者借鉴，起到以此为戒的警示之意。

说到"创业墓"的创始人小张，他是个爱好广泛且经历丰富的小

12堂关键创业课：
99%的创业都死于不懂这些道理   _216

伙子，足球队员、军人、汽车销售、房地产销售……这几种八竿子打不着的职业他全都做过。小张坦言，生活中的他其实是典型的一腔热血，想到什么就去做什么，像"创业墓"这个项目，就是小张为赶这波创业大潮，风风火火之下仓促成立的。

这么看来，创业起始，小张就犯了N种死法中死亡率高达51%的一种——没想法。赵晓宇（AC加速器、天使成长基金投资经理）认为，像小张这种没有经验的创业者在市场上屡见不鲜。他们都有一个共性，就是自认为项目非常出色。但在投资人眼中，他们不会关心你自己口中所谓的"出色"，你的项目最终会不会失败才是他们考量项目的重中之重。失败的原因有很多种，投资人只要发现其中显现了某一种，可能就会立马叫停，这也就意味着你的项目"大难临头"了。但大多数创业者不会停下脚步仔细思考这个问题，仍如飞蛾扑火般前仆后继地挺进创业市场。

创业者小Z的第一个项目是手机行业，那时的手机通信市场还不能被称为红海，小Z的初衷仅仅是看准了一个笼统的商业机会，对进入市场后的公司定位其实并没有清晰的思路。没想法的结果可能是，从一开始就注定了这种创业的灭亡。硬件、软件、测评、检测等几方面，小Z大包大揽，半年时间花费了好几千万，最后只能靠公司裁员才保存了一丝生机。升腾跌宕之下，小Z的团队终于开始试着聚焦，将目光放在了老人机的发展上，但临渴掘井的路子是行不通的，这种微弱的先发优势并不能使小Z在市场中分得一杯羹，尤其是联想、华为等大牌发力碾轧之后。

视野回到2010年，团购兴起。最终美团、糯米等企业大鳄率先站住脚跟，几番市场动荡后仍能屹立不倒。回顾曾经风靡一时的"千团大战"，现在看来终究只是昙花一现。最终站稳的只有几家，"千团"灰飞烟灭！24券也是曾经的"千团"之一，从2012年下半年开始，外部面临业绩压力，内部面临和股东的矛盾，最后在2013年1月正式关闭网站。拉手网则是同时期的另一家团购网站，销售额曾多次位居前三名，但即便如此，也从2012年下半年开始，先是创始人吴波离职，后是取消IPO、内部裁员、业务调整和布局O2O等，耗费了多少资金、精力，在对行业失去理性、囫囵吞枣的跃进背后，是承载不了的残酷现实。

对于这些一窝蜂又没想法的创业，赵晓宇这样总结：**第一，没有任何经验就起步创业，试错成本会相对较高**。投资人当然希望自己投资的项目试错成本愈低愈好；换句话，投资人都希望只投出去一笔钱，创业者就可以支撑到下一轮或者上市。**第二，在创业中绝对不能忽略市场上强有力的竞争者**。小Z提到的老人机，就不止小米旗下的红米，其实很多家已经在做甚至做得很好了。**第三，认识到自己的项目出现问题，需要立马止损而不是硬撑**。

关于这一点是存在悖论的，联想柳传志曾说过一个截然相反的观点：等你想好了再创业，别人的产品已经上市了。那么，究竟在创业之初要不要想好，想到什么阶段才算想好呢？

首先，要看你所踏入的领域是否为行业的风口；其次，你作为领导团队的创始人，是否存在区别于同行的竞争优势。

许多创业者可能听说过马克·扎克伯格的故事。是的，他一手创办了facebook，而facebook的创立，则源于他在哈佛宿舍里的一次突发

12堂关键创业课：
99%的创业都死于不懂这些道理

奇想。某一天，扎克伯格提出了一个很有趣的想法：打造一个网站，将所有学生的个人资料都收集起来，这样就能增进学生之间的了解。这并不是一个多么伟大的创举，扎克伯格也绝对不是唯一一个想到这个点子的人，但与别人的差别在于，他一定是唯一一个付诸行动，坚持不懈，并最终把这个点子发展成一个价值十亿美元级企业的人。

作为初创者，小张在创办"创业墓"之前，也曾天马行空地畅想。夜深人静之际，好点子像失眠患者脑海中的绵羊一样不断涌现。到了激情之处，他还会召集合伙人紧急开会，加班加点地将所谓的"好点子"做出来。每当激情退却，做完了上线了，却发现到头来只是竹篮打水一场空。扪心自问，小张也承认自己是典型的执着于创意，与市场、资本、需求完全挂不上钩的创业者。

2.死法二：伪需求

还有一种死法，也是创投界十分忌讳的——伪需求，它的死亡指数高达42%。

曾经有一款号称用户上百万的社交产品向媒体炫耀：他们开发出了一个独一无二、非常有技术含量的社交应用，叫作"无网社交"。简言之，就是在无网状态下，这个软件可以通过蓝牙通讯实现聊天。时至今日，让用户把手机网络和Wi-Fi关掉，和陌生人社交，这种荒谬的用途从一开始就是一种不存在的伪需求，而相对落后的蓝牙功能更不可能会被投资人或市场看好。

号称"华人第一音乐社区"的分贝网曾是中国首屈一指的网络歌手聚集地。2006年，网站注册用户达到1200万，获得了阿尔卡特VC的600万美元投资，占12%股权。然而，随着娱乐设施的飞速发展，分贝网的赢利模式逐渐从"强需求"变成了"伪需求"，但它并未对此做

12堂关键创业课：
99%的创业都死于不懂这些道理 _220

出实质性的调整或转变，过去依靠卖空间和收取会员费的赢利模式无力为继，鱼龙混杂的广告就成了分贝网主要的收入来源。2009年，创始人郑立涉嫌经营色情视频聊天业务被捕，而公司因始终处于亏损状态，最后惨淡倒闭。

在互联网+的创业大潮中，各种传统项目开始上门，贴上二维码，就算赶上了O2O的风口，上门洗车、上门按摩、上门送烤鸭、上门卖内衣……2015年我们看见各种传统项目上门服务在资本的驱动下发展迅速，获得融资扩大规模。处于风口浪尖时，竟有创业企业打出"烧投资人的钱，上你家的门，为你提供……服务"的荒谬广告语，我曾问过不止一位投资人，无一例外，对于这样的广告语反感至极。到底上门提供的各项服务有多大的市场需求，到底有没有那么多服务必须上门提供……当资本热潮退去，各种伪需求相继倒闭，剩下的唯有一场唏嘘！

对创业者来讲，可能一时的头脑发热就会使市场出现无数的资本"伪命题"。那作为投资人，又该如何练就一双火眼金睛，去伪存真，分辨到底是真实需求还是伪需求呢？

在拿到商业计划书后，投资人都会有一个初步判断，针对项目精准用户展开调研，例如上文提到的"无网社交"，就会对一般不使用网络的老年人进行调研，如果老年人都不会用的话，那就可以断定这个需求肯定是伪需求。这种方法只适用于投资人凭借经验可一眼看穿的伪需求，对于不容易发现的伪需求是行不通的。有些需求貌似真实，听起来很美，但当你把成本、运营加上去，就会瞬间被打回原形，变为伪需求。

在一手创办叱咤美妆行业的聚美优品之前，陈欧曾试水看似火爆但实际很难出头的游戏领域，在意识到自己掉入了伪需求的红海陷阱之后，陈欧选择放弃，重新探索商业模式。通过徐小平老师不断的指导、调整，最终使聚美优品从一家平民企业，摇身一变，成为纽交所市值40亿美元的行业领先企业。

因此，对创业方向上的伪需求要保持足够的警醒，因为这很可能是决定一家初创企业生死的关键因素。

3. 死法三：纸团队

说回小张的"创业墓"项目，他们最近碰到了一个十分棘手的难题，团队中一个懂运营、懂技术、懂媒体的核心合伙人短暂离开了工作岗位。当务之急就是赶快再寻找一个核心合伙人，这样项目才能正常维持、运行下去。

纸团队，对创业公司来讲，其实是一种死亡率高达33%的常见死法。即创业公司缺少能够指挥大局的人物和能力互补、利益共享的合伙人。

同济大学的工科生包庆君出自书香门第，爱好书法，2014年年底他写了一个书法互联网+的项目计划书——"玩乐书法"，并凭此获得了种子投资。于是他辞职创业，不过，项目仅仅坚持了三个月就宣告失败。

其实"玩乐书法"有一个先发优势，就是得到了圈中名人的明星投资，但问题主要出在研发产品之际。包庆君一手包揽了全部的设计与程序制作，却没能组建出一个核心团队。等到了工作量巨大的市场推广阶段，却缺乏一支拥有核心合伙人的团队进行运作。在这种关键时刻，心有余而力不足的包庆君最终发现，自己的项目太过理想化，自己确实还需要一个厚积薄发的蓄力过程。

　　包庆君的这种死法其实也是纸团队的一种，即就算找到了人，却并不是最合适的。这个问题如果发生，即便是"三老"也很难扛过去。在面临巨大诱惑时，情感是很容易土崩瓦解的。赵晓宇则站在理性的角度点评了包庆君的"死法"：项目理想化的后果就是跑得特别慢，对投资者来讲，这也意味着回报率特别低，那么就很少有人愿意对这样的项目进行投资。另外，关于核心合伙人中途"跑路"这一说法，投资方一般都会先让合伙团队签书面协议，有时先保证后投资，这样团队的合作关系才能相对永久地固定下来。

4. 死法四：不聚焦

创业初期，人力、物力、财力都是非常有限的，"创业墓"创始人小张坦言，在此期间每多做一件事情，都可能会花掉更多的成本和时间，分散更多的精力。专注做一件事情，对初创公司来讲其实也是很难的。

不聚焦也是一种死法，创业死亡率29%。一个创业项目会有很多不同的业务机会，如果初期全都想做，必死无疑。李开复曾说，如果公司失去了聚焦，什么都做，那什么都做不好。

世纪佳缘创始人龚海燕二次创业时，曾将目光集中在在线教育上。她的初衷是希望把中小学的语文、数学、英语所有的课程资源都搬到线上，但后来她发现各个省、市、区的教育资源都不相同，教材也不相同，统一上线的整合成本非常大，要耗费很多的人力物力。果然，几个月的时间后，她就花掉了所有的融资。在之后的失败反思中，龚海燕也承认，自己在对接项目时，犯下了不够聚焦的大忌。

站在投资人的立场看这个问题，如果你的项目已经试过错，或者投资人曾经投过与之类似的项目，那么他可能会建议你把方向改一下。其实更多的投资机构都会尽力帮助创业者调整方向，并与他们共同成长。

微信在刚刚研发游戏应用的时候，只推出了一款老少皆宜的益智游戏。以当时腾讯的体系，就算出10款、20款都能承载得住。那为什么只做一款呢？就是为了聚焦，用一款产品聚焦之后再扩充其他产品，这样无论从速率还是口碑传播角度，体验感都会达到最优。

连腾讯如此体量的企业在可以做加法的时候都在做减法，何况初创企业呢？学会做减法是一项必修课。我们在做一款产品的时候，可能会同时发现很多机会点，可能每一个你都觉得非常值钱。能否忍心将这些点一一砍掉，找到一个最"痛"的点来做，这是非常考验创始人心态的。所以关键还是要看创始人是否足够敏锐，能否在关键时刻为自己的公司做出正确的选择。

5.死法五：无融资

对创业者来说，融到资就万事大吉了吗？当然不是。很多正在创业的朋友，即使已经融到天使轮，而且在用户数量、产品都做得比较不错的情况下，依然会面临很多困难。比如，你一开始要融800万元，可你愿意出让10%股份都没有回音，于是只能从800万元降到300万元；如果一个月后还没有找到融资的话，你可能就会很快死掉。

死亡率为28%的无融资，对创业公司来说也是关乎生死的"鬼门关"。没钱，怎么将创业进行到底呢？这可能是大多数创业者最头痛的问题之一。

赵晓宇提到过一个自己正在调研的项目，是清华大学的学生正在做的北京的剧场活动项目，客单量还算可观，但团队成员很少，且线下往往需要消耗非常多的人力。目前他们只能在海淀一个区做，很难复制到昌平、朝阳等其他区。这时候投资人就会犹豫了，到底该不该投呢？

这样的犹豫往往会让创业者在等待融资的过程中非常痛苦，如果处在烧钱或需要补贴的行业，面临断粮的窘境，自身造血能力又不足，还拿不到融资，真的就只有死路一条吗？

其实不然，赵晓宇认为现在的创业者首先要放宽心态。退一万步讲，如果真的拿不到融资，不妨转换思路，考虑一下另外一种渠道，例如时下十分火热的众筹。

站在创业者的角度，创业者小张也提出了自己的方法，在创业初期，如果能找到赢利模式，自己的造血其实是最好的。这样即便没有融资，至少还可以活下去，生存对于初创企业永远都是第一位的。在阿里巴巴成功之前，马云也曾靠卖花来养活自己的团队。

但这种想法可能只会存在于还没有真正融入资本产业链中的初创企业，对于一些前期已经积累了很多资源和用户，万事俱备只差融资的企业，无融资真的是一种令人扼腕的死法。**要在你不需要钱的时候融资，而不是在你没有钱的时候融资。因为对投资人来讲，他们往往愿意锦上添花，而不会雪中送炭。**

虽说无融资是一种死法，但即便是拿到了融资，却没能将每一分钱花在刀刃上，其实离死亡也不远了。不少人可能还对2000年北京街头出现的亿唐广告牌记忆犹新，凭借五个哈佛MBA和两个芝加哥大学MBA组成的创业"梦之队"，亿唐从两家著名美国风投DFJ、Sevin Rosen手中拿到了5000万美元的融资。初尝一夜爆红的滋味，被成功冲昏头脑的亿唐网开始在全国快速"烧钱"，除了在北京、广州、深圳三地建立分公司外，还广贴"英雄榜"，在各地大肆进行宣传活动。

12堂关键创业课：

99%的创业都死于不懂这些道理 _228

随着2000年年底突如其来的互联网寒冬，亿唐网的钱已烧了大半，而此时依然无法实现赢利。没多久，昔日的"梦之队"成员在公司的钱烧光后纷纷选择出走。

花钱是一门学问。很多创业者在刚拿到天使轮或A轮融资后，就会立马租一个敞亮气派的办公室，然后快速地烧钱扩张、打广告，500万元或者1000万元在三个月内很快消耗殆尽，而烧钱后的数据依然不漂亮，下一轮融资又跟不上，这就成了很多初创企业无法逾越的一道深谷。

钱要花在刀刃上，即使不缺钱时也要省着花，因为资本寒冬随时都有可能来临。钱虽不是万能的，但没钱是万万不能的，正所谓一分钱难倒英雄汉。该花的地方不能省，不该花的地方需节约。

综合来看：

没想法，死亡指数高达51%；

伪需求，死亡指数高达42%；

纸团队，死亡指数高达33%；

不聚焦，死亡指数高达29%；

无融资，死亡指数高达28%；

……

我们只是归纳总结了创业公司的N种死法，其实可能还有N+1种，N的平方种，死法各异。在一个公司真正成功之前，只要经历了文中提到的任何一种失败，不论是不聚焦、伪需求，还是团队问题、弹尽粮绝，都在劫难逃。

其实创业失败不是最可怕的，因为只有不断失败，才会吸取教训。有数据统计，创业成功率最高的其实是第三次创业，也就是说一般要经历两轮创业失败之后，才能更接近成功。据说华为任正非也曾说过：如果你在创业中没有失败过三次，那就不叫创业。

做一行，专一行的企业家着实让人钦佩。我采访新希望总裁刘永好时，他能如数家珍地用数据说明现状、阐述未来。数字之精准，逻辑之清晰，表达之准确让人叹服。究其原因，优秀的企业家都在不断学习、反思，不断汲取大量的经验，努力让自己不落后，让公司不被行业淘汰。

人们普遍愿意接受自己的成功，而不愿意正视自己的失败。其实创业成功本就是一个概率极低的事件，甚至是一个偶然性事件。在这条道路上，你可能需要经历各种摸爬滚打、失败挫折。一个优秀的创业者需要披荆斩棘，即使经历失败，仍能不断爬起。

其实我们更希望看到的是前事不忘后事之师。创业公司的N种"活法"，就是凤凰涅槃、浴火重生，失败后再次从创业大潮中站起来的那一刻！